BIBLIOTECA  CÁNTARO

LOS DIEZ MANDAMIENTOS

CORNELIUS VAN TIL

Prefacio por Steven R. Martins

cantaroinstitute.org/es

Los Diez Mandamientos
Publicado por Cántaro Publications, una marca editorial del
Cántaro Institute, Jordan Station, ON.

El siguiente título fue proporcionado por Monte Alto
Editorial (Cali, Colombia) con breves comentarios editoriales,
traducido por Nicolás Cruz, y publicado en Norte y
Iberoamérica con permiso.
The Ten Commandments © Cornelius Van Til, 1933.

Las consultas sobre los derechos de publicación del material
deben dirigirse a Monte Alto Editorial, quien primero
adquirió los derechos y los puso a disposición del
Cántaro Institute para el avance de su misión.

A menos que se indique lo contrario, las citas de las Escrituras
son de la Biblia RVR1960 (Versión Reina Valera 1960) ©
1960 en América Latina por Sociedades Bíblicas.

Primera impresión versión norteamericana 2023 en Canada
(Cántaro Publications)
Primera impresión versión iberoamericana 2023 en Colombia
(por Monte Alto Editorial)

ISBN: 978-1-990771-33-0

CONTENIDO

Dedicado a Ps. Trevor Bertenshaw,
un antiguo mentor y consejero bíblico,
quien fortaleció mi convicción sobre
la vigencia duradera de la Ley de Dios.

PREFACIO

VIVIMOS EN UN MUNDO caracterizado por la falta de ley. No en el sentido de que el mundo carezca de leyes por las cuales se rige, ya sea aritméticas, cinemáticas, bióticas, físicas, lógicas, etc., sino en el sentido de que el ser humano natural vive en rebeldía contra la ley revelada de Dios. Y qué sufrimiento ha traído esta falta de ley al mundo, sufrimiento *inefable* cuando se observa la historia de la humanidad desde la caída de nuestros primeros padres. Al ser testigos de las consecuencias continuas de la desobediencia del hombre, lo que las Escrituras llaman "pecado", nos damos cuenta de la importancia y necesidad de la ley de Dios para la vida recta del ser humano. De hecho, lo que descubriríamos es que vivir en desobediencia a la ley de Dios causa estragos y caos de una forma u otra, crea una perturbación violenta, primero en nuestros corazones y luego se propaga a través de cada relación que se deriva de ella. Pero vivir en obediencia a la ley de Dios proporciona las condiciones necesarias para el fruto bueno, las relaciones pacíficas y el florecimiento humano. Cuando Dios entregó la ley al ser humano, primero al ponerla en su corazón al crear al hombre a su imagen, y luego al entregarla en tablas de piedra a los israelitas, su pueblo elegido, y luego al expandirla y aplicarla a través de los escritos del profeta Moisés, y luego al ejemplificarla al mundo a través de la práctica de Israel, lo hizo pensando en el beneficio del ser humano. Principalmente para su gloria, sin duda, pero ciertamente también para el beneficio del ser humano. Si deseamos, como pueblo de Dios en Cristo, vivir correctamente, vivir legalmente, vivir justamente, vivir de una manera que traiga gloria a nuestro Creador Dios, entonces debemos conocer la ley de Dios. No, incluso más que eso, debemos *deleitarnos* en ella. Fue el salmista quien escribió:

> ¡Cuán bienaventurado es el hombre que no anda en el consejo de los impíos,
> Ni se detiene en el camino de los pecadores,
> Ni se sienta en la silla de los escarnecedores,
> Sino que en la ley del Señor está su deleite,
> Y en Su ley medita de día y de noche!
> (Sal. 1:1-2).

Por supuesto, surge una pregunta común cuando hablamos de la ley de Dios. ¿La ley de Dios, tal como se dio en el Antiguo Testamento, todavía es válida hoy en día? Si dividiéramos la ley, como comúnmente lo hacen hoy los teólogos, en tres categorías, es decir, la moral, la civil y la ceremonial, ¿todas estas leyes siguen siendo válidas? Abordo esta pregunta en detalle en el séptimo capítulo de mi libro, *Apologética: Estudios en la apologética bíblica para una cosmovisión cristiana*, pero por ahora, una respuesta breve será suficiente.

¿La Ley de Dios sigue siendo válida hoy en día?

Esta es una pregunta con la que la Iglesia ha luchado a lo largo de los siglos. Hay quienes interpretan la Escritura para decir que Jesús invalidó la ley para abrir paso a la gracia (lo que muchos antinomianos creen). Mientras que hay otros que interpretan la Escritura diciendo que Jesús presentó una nueva ley para reemplazar lo viejo, lo que la mayoría de los cristianos llaman la "ley de Cristo". Estas no son las únicas posiciones, pero son quizá las más conocidas.

Para responder a la cuestión de la validez de la ley bíblica, debemos tener en cuenta los contextos literarios e históricos de los textos bíblicos, el significado detrás del texto en el idioma original, y también lo que otros pasajes tienen que decir sobre el asunto.

¿Qué enseñó Jesús?

Al preguntar sobre la validez de la ley bíblica — la ley establecida en el Antiguo Testamento— podemos recurrir a las palabras de Jesús en el sermón en el Monte.

> No piensen ustedes que he venido para abolir la ley o los profetas; no he venido para abolir, sino para cumplir. Porque de cierto les digo que, mientras existan el cielo y la tierra, no pasará ni una jota ni una tilde de la ley, hasta que todo se haya cumplido. De manera que, cualquiera que quebrante uno de estos mandamientos muy pequeños, y así enseñe a los demás, será considerado muy pequeño en el reino de los cielos; pero cualquiera que los practique y los enseñe, será considerado grande en el reino de los cielos. Yo les digo que, si la justicia de ustedes no es mayor que la de los escribas y los fariseos, ustedes no entrarán en el reino de los cielos (Mat. 5:17-20).

El que Jesús haya dicho esto implica que la audiencia judía percibió su enseñanza como un nuevo conjunto de normas que potencialmente reemplazaría la ley del Antiguo Testamento. Como explica el comentarista John Nolland: "En términos judíos, cualquier intento de anular (Gk. καταλύειν) la Ley podría haber sido visto solo con horror".[1]

Jesús está explicando el propósito de su encarnación milagrosa. Él entró en el mundo creado no para abolir "la ley o los profetas", como los judíos pudieron haber creído, sino para cumplirlos. Pero, ¿qué significa el griego πληρῶσαι para "cumplir"? El teólogo R.J. Rushdoony escribe que "cumplir" (*plērōsai*) significa "ponerlos [la ley y los profetas] a la fuerza", argumentando que cualquier otra interpretación hace "violencia al claro significado" del texto.[2]

La fe cristiana era, en ese tiempo, "percibida como una religión nueva que buscaba derribar la ley ancestral de los judíos", y debido a esto era la principal preocupación de Mateo "poner la ley y los profetas en la conexión más

---

1. John Nolland, NIGTC: *The Gospel of Matthew*, (Grand Rapids, MI.: Wm. B. Eerdmans Publishing Company, 2005), 217.

2. R. J. Rushdoony, "*Jesus and the Law – Research*", *Chalcedon: Equipping to Advance the Kingdom*, 2010, accesado el 8 de septiembre, 2016, http://chalcedon.edu/research/articles/jesus-and-the-law/.

cercana posible", y que tanto la Ley como los Profetas estuvieran cercanos a Jesús, ya que él entendió que lo profético permitió que la Ley fuera correctamente aprehendida, y que ambos son cumplidos plenamente en Cristo.[3]

En Mateo 5:18 se demuestra la autoridad de Jesús como Legislador y Rey: "mientras existan el cielo y la tierra", ni una jota, ni una tilde, pasará de la ley hasta que "todo se haya cumplido". Es decir, aunque la totalidad de la creación podría dejar de existir, lo que Dios ha dicho en las Escrituras es mucho más permanente que eso.

En cuanto al "jota" (Gk. ἰῶτα) o al "tilde" (Gr. κεραία) que Jesús menciona, el erudito del Nuevo Testamento Leon Morris explica que:

> La jota fue la letra más pequeña del alfabeto griego, pero aquí... normalmente se entiende que se refiere a la *yodh*, la letra más pequeña del alfabeto hebreo... Jesús dice "Ni la letra más pequeña, ni la parte más pequeña de una letra".[4]

---

3. Nolland, NIGTC: *The Gospel of Matthew*, 218.
4. Morris, PNTC: *The Gospel According to Matthew*, 109-110.

Es, en otras palabras, una afirmación enfática de la validez de la Escritura, y como la ley bíblica es divinamente inspirada, por lo tanto, durará (1 Tim. 3:15). Como Rushdoony escribe, "hasta el fin de los tiempos, la ley de Dios, en su mismo detalle, permanecerá. Su significado y su intención siguen siendo válidos para siempre".[5]

Desde una apología, a una afirmación enfática, el siguiente versículo sigue con una severa advertencia, una exhortación de Jesús, de que todo aquel que olvide uno de los mandamientos más pequeños será llamado "muy pequeño en el reino de los cielos". El contraste no es un extremo entre el rechazo o la aceptación de toda la ley, que se aplicaría a los no creyentes y los creyentes, sino más bien, según Lenski, que el "dejar a un lado" (como dice en el griego) del menor de los mandamientos, ya sea por ignorancia o egoísmo, significaría interpretar o manipular erróneamente el significado de un texto vinculante y enseñar a otros a hacer lo mismo.[6] Mientras que el que cumple la ley y lo enseña todo será llamado "grande en

---

5. Rushdoony, "*Jesus and the Law*".
6. Lenski, *The Interpretation of St. Matthew's Gospel*, 211-212.

el reino de los cielos", porque está viviendo la revelación divina de Dios, cómo la ley bíblica siempre debe ser vista.

En el versículo veinte la autoridad de Jesús se afirma nuevamente, en que él dice: "Yo les digo," como dice un rey a un subordinado, o como un juez le dice a un acusado, que si la justicia no "excede la de los escribas y fariseos", no entrarán al reino de Dios. Durante el ministerio terrenal de Jesús, los escribas y los fariseos eran considerados los más piadosos de todos los partidos político-religiosos debido a su riguroso estudio y enseñanza de la ley (Lc. 18:9-14). Eran considerados las personas más importantes de la sociedad judaica, y por lo tanto Jesús estaba diciendo que uno debe ser mucho más justo que los escribas y fariseos piadosos, que moral y culturalmente significaba "perfección", pero porque esa estatura es una imposibilidad para el hombre lograr, no puede entrar en el reino de Dios por sus propios medios.[7] Las palabras de Jesús ilustran la necesidad del hombre de un salvador.

La motivación de la afirmación apologética

---

7. Craig L. Blomberg, *The New American Commentary: Matthew, Vol. 22* (Nashville, TN.: Broadman & Holman Publishers, 1992), 105.

de Jesús y su fuerte exhortación fue en responder a las "diversas tendencias antinómicas", que no sólo incluían a los que podían tomar una posición en oposición directa a la ley, sino también a aquellos que "bajo el disfraz de la obediencia, el espíritu de la ley fue contravenido".[8] En otras palabras, la observancia externa de la ley sin la observancia interna contraviene la ley, como en los casos ilustrados del odio (Mt. 5:21-22) y adulterio (Mt. 5:27-38). Pero a pesar de esto, las perspectivas antinómicas han surgido y persisten como la antítesis en la historia y comunidad de la Iglesia.

La misma ley se aplica

Es el aislamiento de este texto bíblico (Mt. 5:17-20) de su esquema general de la literatura de Mateo, incluyendo del resto del canon bíblico, lo que produciría una interpretación errónea tanto de la ley como del evangelio. Por ejemplo, en Mateo 7:12, Jesús enseñó lo que se ha llamado la Regla de Oro, "Así que, todo lo que quieran que la gente haga con ustedes, eso mismo hagan ustedes con ellos, porque en esto se resumen la ley y los profetas". ¿Está Jesús dando una nueva ley que abrogaría a los an-

---

8. Ibid.

tiguos? Lejos de ello, como dice Nolland, "La Regla de Oro no solo resume la enseñanza de Jesús sino que también resume la Ley (y los Profetas)".[9]

Consideremos también Juan 13:34, que también debe ser reconciliado no solo con el evangelio de Juan, sino con la literatura colectiva de Juan (i.e., 1 Jn 5:2-3) y la totalidad de la Escritura, donde "Un mandamiento nuevo les doy: Que se amen unos a otros" no es en realidad un mandamiento "nuevo" (Deut. 6:5; Lv. 19:18) que abroga lo antiguo, sino más bien como escribe McQuilkin: "Juan usó *kainos* [no *neos*], un nuevo aspecto de un comando antiguo", el *kainos* en griego significa un "nuevo aspecto, nueva profundidad, nueva plenitud, o nuevo alcance".[10]

La ley, por lo tanto, fue rechazada solo "como mediador y como fuente de justificación" como lo expresa Rushdoony, ¿cómo se puede entender la gracia sin la ley? ¿Y cómo se puede interpretar la misericordia y la justi-

---

9. Nolland, NIGTC: *The Gospel of Matthew*, 330.
10. McQuilkin, *Understanding and Applying the Bible* (Chicago, IL.: Moody Publishers, 2009), 130.

cia si la ley fuera abrogada?[11] La notable obra
Instituciones de la Ley Bíblica, escrito por
Rushdoony, "afirma la soberanía de Dios sobre
todas las cosas (Salmo 24:1)" y porque creó todas las cosas y es dueño de todas las cosas, "la
verdadera libertad solo puede estar bajo Dios y
su ley".[12] Como el teólogo R.C. Sproul explica, "no podemos vivir de acuerdo con nuestra
propia ley", la verdadera libertad solo puede ser
realizada bajo la soberanía de Dios (Jn. 8:32).[13]

Jesús reconoció plenamente la ley, la
afirmó públicamente, y la obedeció. Él vino,
"no como destructor o innovador, sino para
cumplir".[14] El texto de Mateo 5:17-20 es claro
en su significado cuando se reconcilia con su
contexto histórico, cultural, y homilético. Jesús
declara explícitamente que no había venido a
abrogar la ley, a cancelarla, a anularla, sino a
cumplirla, a ponerla en fuerza, a permitir que
su pueblo hiciera de la ley una realidad interior.
Formando parte de una homilía mayor, el Rey

---

11. Rushdoony, *The Institutes of Biblical
    Law* (Phillipsburg, NJ.: P&R Publishing), 7.

12. Boot, *The Mission of God: A Manifesto of Hope for
    Society* (Toronto, ON.: Ezra Press, 2016), 283.

13. R. C. Sproul, *Essential Truths of the Christian
    Faith* (Wheaton, IL.: Tyndale House, 1992), 17.

14. Ibid., 409.

y el Legislador anunció el restablecimiento de la voluntad de Dios y la inauguración de su reino, restableciendo las mismas exigencias éticas del Antiguo Testamento y confirmando su enseñanza y autoridad con señales y milagros en los futuros capítulos.

El reino de Dios no es sin ley en su naturaleza; se caracteriza por su ética divina y justa establecida por Dios y habilitada por el Espíritu Santo. La ley puede hacer que los hombres sean declarados culpables por sus pecados, puede contener el mal en el mundo, y puede guiar al creyente en su progresiva santificación.

Van Til sobre la ley de Dios

Aunque mi respuesta a la pregunta "¿La Ley de Dios sigue siendo válida hoy en día?" se ha respondido de manera breve, todavía hay mucho que considerar en cuanto a su profundidad, alcance, aplicación y significado. A medida que buscamos cultivar una mayor conciencia y aprecio por la ley de Dios y su aplicación en la vida cristiana, hemos decidido publicar lo que antes era un manuscrito inédito de Cornelius Van Til, *Los Diez Mandamientos,* proporcionado en español por Monte Alto Editorial (Cali, Colombia) y su traductor Nicolás Cruz. Esta obra fundamental, del padre del presuposicionalismo, se basa en nuestra tradición reformada protestante heredada, nos informa sobre cómo debemos considerar la ley, tanto en contraste con la falta de ley en nuestro mundo como en su significado más profundo para nuestra vida cristiana, y nos inspira a la rectitud y fe mientras buscamos glorificar a Dios como nuestro fin supremo. Van Til fue, en muchos aspectos, un gigante espiritual, un teólogo distinguido y un apologista y filósofo elocuente, por lo que no tenemos ninguna duda de que esta obra, que originalmente fue un programa de estudios para un curso que enseñó en el Westminster Theological Seminary (WTS), te edificará en tu devoción, discipulado y santificación continúa. Si Van Til tuvo una influencia duradera en sus estudiantes, como Francis Schaeffer, John Frame, R.J. Rushdoony, Greg L. Bahnsen y muchos otros, ¿cuánto más tiene para enseñarnos hoy? Personalmente, estoy en deuda con sus escritos y enseñanzas, y sé que con el tiempo y después de mucho estudio, tú también lo estarás.

Que la enseñanza de la ley sea restaurada en la vida de la Iglesia, y su bondad y belleza se destaque en la vida del cristiano en todas las eras (Sal.1:1-2).

1

INTRODUCCIÓN
Y PRESUPOSICIONES

EL PRESUPUESTO PRINCIPAL de la ley moral es el teísmo cristiano. La cuestión suprema que surge momentáneamente cuando la ley es el objeto de discusión es si la ley es autosuficiente o si se basa en una personalidad absoluta.[1] La pregunta planteada de esta manera requiere que seamos teístas bíblicos o pragmáticos. La ley que no descansa en la personalidad absoluta debe haberse originado en el continuo espacio-tiempo de un universo autosuficiente y ser por ello suficiente en sí misma. El problema entre el teísmo cristiano y otros pensamientos no es el de la personalidad porque eso puede significar que la ley no se basa más que en la personalidad humana o al menos en la personalidad finita. Las Escrit-

---

1. Consulta "A Van Til Glossary", *Frame-Poythress*. Consultado 11 de Noviembre 2023, https://frame-poythress.org/a-van-til-glossary/

uras contemplan la ley como emanada de Dios como personalidad absoluta.

Como consecuencia de esta presuposición se sigue que todo el universo espacio-temporal es creado por Dios. Las leyes que están en este universo creado son manifestaciones del plan de Dios. La uniformidad de la naturaleza de la que tanto habla la ciencia no existe independiente de Dios sino que existe como expresión de un Dios de orden. Dios es inmanente en su creación. Si uno quebranta una ley de la naturaleza, quebranta una ley de Dios. La indiferencia a cualquier ley, ya sea física o normal, es una ofensa contra Dios. Oponer la ley a Dios es como oponer a un hijo a su padre. Ese fue el pecado del deísmo. Por otro lado, un Dios absoluto no puede identificarse con la ley en el universo temporal. John Fiske intenta interpretar la teología de Atanasio de esta manera para mostrar que el "teísmo cósmico" es realmente un teísmo bíblico.[2] Si la interpretación de Fiske fuera cierta, la personalidad absoluta tendría que ser, aunque no puede ser, negada por el teísmo. Identificar la ley con Dios es identificar a un hijo con su padre, ese es el pecado del

2.   John Fiske, *The Idea Of God as Affected by Modern Knowledge*, (Boston: Houghton Mifflin, 1887).

panteísmo.

De nuevo se sigue la presuposición teísta de un Dios absoluto, la ley en la historia expresa un propósito de Dios. Una visión deísta de la historia implica una vez más una separación arbitraria de Dios y las leyes en la historia para la destrucción de ambos. Por otro lado, una visión panteísta de la historia implica una identificación arbitraria de Dios y las leyes de la historia para la destrucción de ambos. Tanto el deísmo como el panteísmo buscan elevar la ley, pero ambos destruyen la ley en su intento de elevación. El teísmo al elevar a Dios también ha elevado la ley. Ni el deísmo ni el panteísmo pueden decir que la transgresión de la ley es un insulto a Dios ya que ambos han identificado la ley con Dios.

Por lo tanto, deben decir que la transgresión de la ley es la transgresión de Dios, es decir, la negación de que Dios existe. Cuando se hace esto, la autoridad de la ley desaparece y la ley respetuosa no puede durar mucho tiempo.

La autoridad absoluta es, por lo tanto, característica e implícita en la concepción de la ley en el sentido teísta. "El día que de él comieres, ciertamente morirás", no es una orden arbitraria. Cualquier criatura que peca contra la ley peca contra un Dios absoluto y la separación absoluta de Dios se sigue naturalmente.

Así también la condición de la existencia del hombre y la realización del destino del hombre es un cumplimiento completo de la ley de Dios. El deísmo y el panteísmo pueden decir que es aconsejable que el hombre sea obediente a la ley, ya que al hacerlo progresará más rápido de lo que lo haría de otra manera, pero solo el teísmo puede decir que el hombre se destruye a sí mismo si es desobediente a la ley. Al manipular así la ley, el deísmo y el panteísmo están jugando con fuego. Más que eso, para poder sostener sus puntos de vista relativistas de la ley, primero deben sostener un punto de vista relativista de Dios; juegan con fuego y ellos mismos están en llamas. 2. Esto nos lleva al segundo presupuesto de la ley moral, a saber, el carácter restaurador y suplementario del cristianismo. El cristianismo quiere ser restaurador y complementario de un teísmo original. Sólo en el cristianismo el hombre se encuentra con un Dios absoluto. Con respecto a la cuestión de la ley, esto significa que solo el teísmo cristiano puede hablar de ley absoluta o ley con autoridad absoluta.

El cristianismo implica que el hombre ha quebrantado la ley por el pecado. Con ello ha destruido *ipso facto* la condición misma de su existencia y ha traído el castigo eterno sobre sí mismo. El hombre se convirtió en deísta o panteísta. Si el hombre iba a vivir, tenía que ser restaurado al respeto y la obediencia a la ley. Cristo llevó a cabo esta restauración. Mediante su sufrimiento satisface la pena de la ley. Más que eso, a través de su cumplimiento activo y completo de la ley, completó la perfección original del hombre para que los que están en Cristo sean herederos de la vida eterna sin falta. A través de su Palabra y Espíritu, Cristo ha hecho a "los suyos" partícipes de su correcta relación con la ley.

El conocimiento de la ley que el hombre debe recibir ahora de las Escrituras. Originalmente el hombre encontró en la experiencia la manifestación y la respuesta espontánea a la ley de Dios, pero desde la entrada del pecado tuvo que darse una manifestación objetiva y una respuesta renovada a la ley. La Escritura como concomitante de Cristo da la manifestación objetiva de la ley absoluta y el Espíritu de Cristo da al hombre la respuesta subjetiva renovada cuando la ley es vista. Solo los verdaderos cristianos son verdaderos teístas, solo los verdaderos cristianos conocen y obedecen la ley.

Para ilustrar el punto del párrafo anterior podemos contrastar la concepción cristiana y kantiana de la ley. La razón para elegir a Kant es que generalmente se piensa que tiene un mayor respeto por el carácter absoluto de la ley que incluso un cristiano podría tener. Si se descubre que Kant es antiteísta, la mayoría de las otras filosofías seguramente lo serán. En primer lugar, entonces, en cuanto a la fuente del conocimiento de la ley por parte del hombre, Kant mira "adentro" mientras que el cristiano mira a las Escrituras. Kant piensa que es posible entrar inmediatamente en contacto con la ley absoluta, mientras que el cristiano sostiene que el hombre, por ser pecador, debe buscar inmediatamente entrar en contacto con la ley absoluta. En otras palabras, Kant niega que el pecado haya separado al hombre de Dios y, por tanto, también del verdadero conocimiento y respeto de la ley. En consecuencia, Kant niega que el cristianismo sea objetiva y subjetivamente restaurador de un verdadero teísmo. El "mal radical" de Kant no es en absoluto radical en comparación con la concepción del pecado que tiene el cristiano. El mal radical de Kant es sólo un mal relativo. Que esto es así es aún más claro si, en segundo lugar, observamos que el rechazo de Kant de una epistemología bíblica como se ha dicho anteriormente implica y se basa en el relativismo en la metafísica. Buscar la solución del mal en la experiencia porque uno lo considera como un ingrediente inextirpable e inherente a toda experiencia posible, es negar cualquier Experiencia que sea absoluta. El mal destruye la coherencia y cualquier Experiencia absoluta debe ser completamente coherente. Por lo tanto, decir que el mal es inherente a toda experiencia posible es negar el carácter absoluto de Dios y, por lo tanto, el carácter absoluto de la ley.

Así, el "du sollst"[3] de Kant queda reducido al nivel de un consejo pragmático, sólo el cristianismo sabe algo de una ley absoluta.

Los comentarios anteriores pueden ayudarnos a comprender el alcance inclusivo de la ley tal como se promulga en las Escrituras. Dios se dirige al hombre de forma genérica, aunque directamente a "su pueblo" solamente. Todos los hombres han desobedecido la ley, pero todos los hombres deben obedecer la ley. El hecho de que el mandato llegue directamente al "pueblo

---

3. Tú debes.

de Dios" solamente se debe a la economía de la redención más que a cualquier diferencia de obligación entre una nación y otra. Dios trata con el hombre de manera genérica y federal. Además, si es cierto que en cuanto a la exigencia esencial de la ley no hay diferencia entre el creyente y el no creyente, es, si cabe, más cierto que la exigencia de Dios es la misma para el pueblo de Dios en todos los tiempos. Las diversas etapas de la economía de la redención no afectan en lo más mínimo los requisitos de la ley de Dios. Las diversas etapas de la economía de la redención, en cuanto afectan a la ley, tienen que ver únicamente con la forma de la ley durante la antigua dispensación había un énfasis en lo externo y lo nacional, durante la nueva dispensación el énfasis está en lo interno y lo universal. En el Antiguo Testamento la ley fue dada en forma externa, muchas leyes ceremoniales fueron elevadas en cuanto a la necesidad de obediencia, a la igualdad con los Diez Mandamientos. Por otro lado, este gran detalle externalista ha desaparecido desde la aparición de Cristo porque con él se da a su pueblo una revelación objetiva más clara y central de la ley de Dios y una respuesta subjetiva más profunda y espiritualmente más rica y, por lo tanto, más central a la ley de Dios. Así, en la nueva dispensación puede llegar a ser necesario, a fin de cumplir con el requisito verdaderamente espiritual de una obediencia perfecta, eliminar muchos de los detalles externos de la forma de ley del Antiguo Testamento. Pablo dice que es una negación de la obra de Cristo aferrarse a los requisitos del Antiguo Testamento después de la venida de Cristo. El caso es similar con respecto al nacionalismo del Antiguo Testamento. Este nacionalismo no es una negación esencial del alcance universal de la ley. Por tanto, el universalismo del Nuevo Testamento no se opone al nacionalismo del Antiguo Testamento, sino que es sólo un florecimiento de él.

Y si es cierto que en lo que se refiere a la manifestación objetiva de la ley no hay diferencia esencial entre la Antigua y la Nueva dispensación, esto es igualmente cierto con la respuesta subjetiva en cada caso, no es más cierto en el Antiguo Testamento como en el Nuevo que la mera observancia externa de la ley era suficiente. La ley de Dios siempre es espiritual y siempre requiere el amor a Dios como motivo para su cumplimiento. Por lo tanto, tampoco es cierto que la obediencia a la ley fuera un requisito del Antiguo Testamento, mientras que en

el Nuevo Testamento el amor ha sido sustituido por la obediencia, la obediencia es amor y
el amor es obediencia y solo ellos pueden responder adecuadamente a una ley espiritual.

El mismo punto de que no hay una diferencia real entre la gente de los cristianos antiguos y actuales con respecto a la ley de Dios puede
ser una ilustración adicional al señalar la unidad esencial de la ley y el evangelio. Hay una
gran diferencia entre ellos en lo que se refiere
a la economía de la redención. De esto habla
Juan cuando dice que la ley vino por Moisés
pero la gracia y la verdad por Jesucristo. Pero el
contenido mismo del Evangelio es que Cristo
ha cumplido la ley. Así, el gozo del evangelio es
que el hombre puede en Cristo conocer y obedecer la ley y por lo tanto vivir en la presencia
de Dios para siempre. No hay más evangelio
que el de la ley. Por otro lado, el Evangelio es
ley porque todos deben obedecerlo. A la pregunta de los judíos sobre qué deben hacer para
realizar las obras de Dios, Jesús responde que
deben creer en el nombre del Hijo de Dios.

Aún más, si no hay una diferencia esencial,
sino sólo económica, entre la promulgación y
la respuesta a la ley en la Antigua y en la Nueva dispensación, se sigue que la forma en que

la ley puede venir no puede usarse como argumento a favor o en contra. Contra la validez de la ley. La forma de propagación de la ley en el Antiguo Testamento fue necesariamente externalista y temporalista. Las promesas y las amenazas, por ejemplo, se referían a las cosas de esta vida. Una larga vida en Canaán bajo la vid y la higuera constituía la sustancia de la promesa, mientras que la muerte corporal era la sustancia del castigo bajo la Antigua dispensación.

Pero este hecho no hizo que la ley fuera menos espiritual. La Canaán aquí abajo era, como vio Abraham, profética de la Canaán del más allá, y la muerte física es para un pecador no reconciliado la puerta de entrada a la muerte externa. No se debe negar un significado universal y permanente al mandamiento que promete a los hijos una vida larga y terrenal si son obedientes a los padres sobre la base de que esa es una promesa manifiestamente del Antiguo y no del Nuevo Testamento. El cumplimiento de esa promesa puede no llegar ahora de la misma manera que una vez, pero el cumplimiento no es menos real o seguro.

Debe mencionarse un punto adicional en cuanto a la forma de la ley tal como se da en el Antiguo Testamento, y es que la ley dice constantemente, "no harás", en lugar de "debes". ¿Por qué esta forma negativa? Para responder a esta pregunta debemos recordar el carácter general del cristianismo como restaurador de un teísmo original. Originalmente no había ninguna razón para este énfasis negativo. El hombre obedecía espontáneamente la ley y, en la medida en que había ocasión para que Dios añadiera mandamientos por comunicación directa a lo que la naturaleza le había dado al hombre, las formas positiva y negativa de dar tales mandamientos podrían equilibrarse por igual. Pero con la entrada del pecado el hombre constantemente evadió y quebrantó la ley de Dios. Además, su ignorancia de la ley verdadera aumentó. Por lo tanto, si Dios iba a traer su ley al conocimiento y la obediencia del hombre, tenía que decir más a menudo lo que el hombre no debe hacer que lo que debe hacer. El niño, por ser un niño pecador, intentará ser una ley para sí mismo. Es imposible entonces, que los padres no digan más a menudo "no" que "haz".

Sin embargo, este hecho no debe cegarnos a la verdad de que lo que Dios desea es una obediencia positiva, una realización positiva del bien, y no sólo una abstención negativa del mal. Por tanto, es necesario que hagamos de esta exigencia positiva de la ley de Dios nuestro punto de partida. Preguntaremos en el caso de cada mandamiento qué es lo que Dios quiere del hombre para usarlo como un estándar por el cual juzgar hasta qué punto el hombre no ha cumplido con esta demanda.

En cuanto al método, es lo opuesto al de las modernas escuelas de filosofía y psicología de la religión. Trabajan bajo la suposición de que el mal es tan básico como el bien en el hombre y el universo. Por lo tanto, simplemente trazarían el camino por el cual el hombre, con la ayuda de la ley, se ha permitido escapar un poco del control total del mal. Desde su punto de vista, es el colmo del dogmatismo presuponer que el mal en este universo se debe a una desviación humana de un Dios absoluto. Nosotros, por otro lado, sostenemos que a menos que esto sea cierto, no hay ley en absoluto y toda moralidad carece de fundamento. Por lo tanto, no podemos hacer otra cosa que seguir el camino exigido por la presuposición central del teísmo.

1.1 La ley moral

Antes de comenzar la discusión del Primer Mandamiento debemos tener claramente en mente no sólo lo que se entiende por ley en general sino lo que se entiende por ley moral. No hemos hecho ninguna distinción a propósito entre tipos de leyes hasta este punto para llamar la atención sobre el hecho de que un teísta considera todas las leyes de manera diferente a un no teísta. Incluso la ley física o natural significa algo muy diferente para un cristiano teísta que para un antiteísta. Según el teísmo el hombre vive y se mueve y tiene su ser en una atmósfera de la ley de Dios tanto para su cuerpo como para su alma. Vivir en esta atmósfera significaba su libertad como significa libertad para un pez de vivir en su elemento nativo. Pero cuando el hombre quebró la ley en un punto, la quebrantó en todos los puntos. Lo moral y lo físico están inextricablemente entrelazados. Como profeta, sacerdote y rey, el hombre debía saber, dedicarse a Dios y gobernar para Dios la totalidad del universo físico. Cuando por el pecado se convirtió en profeta sin manto, en sacerdote sin sacrificio y en rey sin corona, llevó su cuerpo junto con su alma y el universo a su alrededor junto con su cuerpo a la ruina. Por otro lado, con Cristo, el mundo físico, así como el cuerpo del hombre, y el cuerpo del hombre así como su alma, son restaurados a sus relaciones normales con la ley de Dios.

Por esta forma de concebir la relación de lo físico y lo moral nos encontramos nuevamente en oposición al pensamiento antiteísta que asume que no hay conexión entre lo físico y lo moral. En todas las discusiones sobre la responsabilidad de los escritores no teístas, el hombre es, en lo que se refiere a la ley física, un hijo de la fortuna o de la desgracia, y nada más. Se considera obviamente ridículo pensar en la humanidad como responsable de alguna manera del hambre o la pestilencia. Pero nuevamente, no podemos hacer otra cosa que aferrarnos a nuestro punto de vista ya que es parte del teísmo cristiano y el teísmo cristiano nos parece la filosofía de vida más razonable para sostener.

1.2   Ley física y ley moral

Manteniendo entonces la estrecha conexión entre el origen común y la autoridad de ambas leyes, física y moral, podemos, no obstante, distinguir entre ellas. La ley física es la ordenanza de Dios para la creación no responsable.

La ley moral es la ordenanza de Dios para sus criaturas racionales. En el caso de la ley física, Dios no espera, mientras que en el caso de la ley moral sí espera, una respuesta autoconsciente. Entonces, en la medida en que el hombre es capaz, en virtud de su creación a imagen de Dios, de reaccionar conscientemente en cualquier dirección a la ley de Dios, el hombre actúa moralmente. Al actuar moralmente, solo queremos decir en este caso que él actúa conscientemente de acuerdo con la ley de Dios. Ni siquiera podemos decir que actúa moralmente sólo cuando se trata de cuestiones de obligación mientras que en cuestiones intelectuales no entra la moralidad. El hombre debe pensar bien, es decir, ser un verdadero profeta; el hombre debe hacer lo correcto; es decir, ser un verdadero rey; y el hombre debe sentirse bien, es decir, ser un verdadero sacerdote. Entonces, en el sentido más amplio del término, toda respuesta autoconsciente a la ley de Dios, dondequiera que se revele, es acción moral. Cuando se usa el término moral, su opuesto es inmoral.

1.3   Lo moral y lo religioso

Para el hombre, como ser consciente de sí mismo y actuando moralmente, había dos esferas principales de respuesta consciente en las que podía obedecer la ley de Dios. Había un aspecto de la ley general de Dios para el hombre que se relacionaba más directamente con Dios. Había un segundo aspecto de la ley general de Dios para el hombre que se relacionaba más directamente con la relación del hombre con su prójimo. Sin duda, estos aspectos se superponen ya que, en última instancia, toda ley es la ley de Dios, pero existe una distinción relativa entre ellos. Cuando el hombre obedecía el primer aspecto de la ley era verdaderamente religioso y cuando quebrantaba este primer aspecto de la ley era irreligioso o falsamente religioso. Cuando el hombre obedecía el segundo aspecto de la ley, era moral en el sentido más estricto del término y cuando el hombre desobedecía el segundo aspecto de la ley, era inmoral,[4] en el sentido más estricto del término. Cuando, en el lenguaje común, hablamos de un hombre irreligioso, que es uno que no atiende a las devociones, no decimos que también es un hombre inmoral, es decir, que no puede ser un buen padre y prójimo. Por otro lado, la Escritura y la experiencia brindan numerosas ilustraciones de aquellos que decían que un regalo por el cual el padre o la madre podrían haberse beneficiado era el corbán, dedicado al Señor. El hom-

---

4. Aun así, no usamos inmoral en el sentido aún más estrecho cuando significa una adicción a un tipo especial de pecado.

bre verdaderamente moral debe ser también el hombre verdaderamente religioso y el hombre verdaderamente religioso debe ser también el hombre verdaderamente moral. Un hombre inmoral, por muy religioso que parezca, es realmente irreligioso, sólo que peca menos directamente contra Dios que aquel que quebranta abiertamente la ley de Dios en la medida en que se relaciona directamente con la relación del hombre con Dios.

Cuando ahora, con estas distinciones en mente, miramos el Decálogo o ley "moral", vemos que los primeros tres mandamientos tratan principalmente con la religión.

Por eso no son estrictamente mandamientos con respecto a la moral. Sin embargo, son partes de la ley moral en el sentido más amplio del término, ya que en la Ley Dios se presenta al hombre como un ser consciente de sí mismo. En segundo lugar, notamos que los mandamientos del sexto al noveno tratan de manera bastante definida con las normas de la relación del hombre con su prójimo. Pero, de nuevo, esto no implica que el quebrantamiento de una o todas estas leyes no afecte su posición religiosa. La unidad de la ley, en sus aspectos religiosos y más definitivamente morales, siempre debe tenerse en cuenta. Los mandamientos cuarto y quinto son de carácter mixto, indicando la estrecha unidad entre lo religioso y lo moral, mientras que el décimo muestra claramente que un mismo motivo produce la verdadera religión y la verdadera moral.

Lo contraria que es esta forma de conectar lo religioso y lo moral con el temperamento moderno puede verse en un artículo de WE Pitkin en la *Century Magazine* de octubre de 1926, sobre "Nuestra anarquía moral". De quinientas personas cultas que respondieron a un cuestionario sobre el valor relativo de los diversos mandamientos del decálogo no menos de ciento dos informaron que "no podían tratar los primeros cuatro mandamientos porque en su opinión estos no tienen valor moral lo que."[5] Luego había un grupo grande que en cierto sentido trataría con ambas tablas de la ley pero al menos haría que la segunda tabla de la ley viniera primero. Como ejemplo de estos habla de los modernistas. De ellos dice: "Lo que Jesús puso primero, el modernista lo pone segundo; y lo que Jesús colocó en segundo lugar, los modernistas lo colocan primero".[6] Agregue a

---

5.   págs. 643.

6.   págs. 645.

estos los comunistas morales que profesan no
preocuparse en absoluto por la primera tabla
de la ley y la declaración de Pitkin de que hay
cinco modernistas morales y dos socialistas por
cada fundamentalista moral y se hace evidente que como ministros cristianos debemos enfatizar la irreligiosidad de la religión sin moralidad y subrayar aún más la inmoralidad de la
moralidad sin religión.

No será posible intentar rastrear las diversas manifestaciones de la moralidad autonómi-
ca general que nos rodea hoy.[7] Menos aún será
factible buscar las razones que dan lugar a la
moralidad que como teístas no podemos sino
lamentar ver. La tarea del ministro del evangelio es hacer esto ante todo. Pero ese no es el
final de su tarea. Debe predicar la plena exigencia de la ley de amar a Dios sobre todo y al
prójimo como a uno mismo. Cuán tristemente
el púlpito ha descuidado su tarea a este respecto. Hay muchos que se lanzan a la ley para defender la decimoctava enmienda o alguna otra
cosa que les llame la atención. Pero ¿qué bien
hará eso sí la congregación no se ha nutrido de
la predicación de la ley en el sentido de poner

---

7.   Cf. Walter Lippmann, A *Preface to Morals*, (Londres:
      Macmillian, 1929).

ante los hombres todo su deber con respecto a Dios y al hombre? "¡A la ley y al testimonio! Si no dijeren conforme a esto, es porque no les ha amanecido." (Isaías 8:20 RVR1960).

2

EL PRIMER MANDAMIENTO: LA RELIGIÓN

2.1 Comentarios

Una discusión completa del mandamiento requeriría una exposición del origen y la naturaleza de la religión. Solo discutimos la naturaleza de la religión y no la cuestión del origen. La cuestión del origen de la religión no surge porque el teísmo es el presupuesto del decálogo.

En segundo lugar, notamos que la respuesta que uno da a la pregunta sobre la naturaleza de la religión también está determinada por la posición teísta de uno. Según el teísmo, el hombre es inherentemente religioso. Pero hay muchos hoy que admitirán este hecho y, sin embargo, no son teístas.[1] Su razón para tal

---

1. Cf. Cualquiera de los escritores idealistas sobre la historia y la filosofía de la religión o muchos

punto de vista es el hecho de que la historia y la psicología no han podido encontrar ninguna etapa irreligiosa en el desarrollo del hombre. Sin embargo, atrás de la historia ellos deben colocar el misterioso vacío. Y este vacío cambia la naturaleza de la religión. A lo sumo, la religión se convierte en una vaga reverencia por lo misterioso.[2] El teísmo cristiano, en cambio, presupone a Dios detrás de la historia. Así se da un fundamento razonable a la religión. Así, la naturaleza de la religión está determinada por este fundamento de Dios.

Luego, además, está involucrado en el teísmo que el hombre originalmente tenía la religión verdadera. Una vez más, hay muchos no teístas que admitirán esta afirmación. Sostienen que todas las religiones son religiones verdaderas. Pero el teísta sostiene que sólo el cristianismo es la verdadera religión. Las otras religiones son desviaciones de un teísmo original.

Mencionamos este hecho porque hoy en día es muy común hablar de religión como si fuera totalmente posible determinar la na-

---

predicadores modernistas como el Dr. Fosdick.

2.   Cf. Thomas Carlyle, *Heroes and Hero-Worship,* (Londres: Chapman and Hall, 1840).

turaleza de la religión sin introducir ninguna discusión metafísica. Se dice que es un asunto exclusivo de la psicología. Que tal posición es insostenible es una vez evidente si se recuerda que la religión trata con lo Invisible. ¿Qué hay de lo Invisible? La psicología no puede dar una respuesta completa.[3] Encontramos que es un hecho, entonces, que algún tipo de metafísica siempre está involucrada en nuestro estudio de la naturaleza de la religión. El llamado método científico para determinar la naturaleza de la religión difiere del método teísta en la medida en que el "método científico" ha asumido una metafísica relativista pragmática.

Otros admitirán que una metafísica está involucrada en la determinación de la esencia de la religión, pero están obligados a ser "científicos" en el método por el cual establecen su metafísica. El Dr. Harry Emerson Fosdick puede servir como ilustración de esta manera de tratar la naturaleza de la religión. En un sermón predicado el 9 de noviembre de 1930 habló de la relación del hombre con lo Invisible. Advirtió en contra de confiar en aquellos que afirman saber todo sobre lo Invisible, ya sea

---

3. Sir Arthur Stanley Eddington, *Science and the Unseen World,* (Londres: Macmillian, 1929).

positiva o negativamente. Lo Invisible es incierto. Sin embargo, podemos tener confianza en ello. Cada nueva revelación que nos ha llegado de lo Invisible muestra que es más maravillosa que antes. Se dice que esta posición es bíblica. En prueba de la afirmación de que lo Invisible es para nosotros incierto, se citaron, entre otras, las palabras de Cristo: "Dios mío, Dios mío, ¿por qué me has desamparado?".

Ahora parecería claro que tal sermón no es ni cristiano ni teísta. Sin justificación se supone que Cristo no es más que una personalidad humana en lugar de una personalidad divina que ha asumido la naturaleza humana. Sin justificación se supone que no existe un Dios absoluto para quien lo oculto es un libro abierto. Si Dios es lo que el teísmo sostiene que es, una personalidad absoluta, la religión pura está determinada por la relación del hombre con Dios en lugar de con lo Invisible en general. El punto en disputa entre el Modernismo y el teísmo es el carácter absoluto de Dios; una deidad finita, o politeísmo es todo lo que el Modernismo puede permitir. A primera vista parece muy científico basar la referencia a lo desconocido exclusivamente en los "hechos". Pero cuando los argumentos basados en estos "hechos" deben presuponer un relativismo metafísico completo para su fuerza, el carácter científico de tales argumentos sufre mucho. No protestamos contra la aceptación del relativismo o su presuposición, con tal de que se establezca claramente en qué se diferencia del cristianismo y del teísmo tradicional. Si eso se hiciera, la "gente común" no se confundiría con una terminología que suena cristiana. Si eso se hiciera, menos "*intelectuales*" se dejarían llevar por el mal camino porque verían las consecuencias de su elección.

2.2   Lo que se ordena

2.2.1   *Religión para Adán*

La ley que tenemos fue promulgada después de la entrada del pecado. Originalmente no había necesidad de tal promulgación externa. Adán era espontáneamente religioso. La ley estaba escrita en su corazón. El profeta Jeremías prometió que el Mesías en principio restauraría esta condición. Cristo nos ha dado una vez más el verdadero amor a Dios y por lo tanto también el verdadero amor a la ley de Dios.

Cuando la ley, tal como la conocemos, dice: "Deberás, etc."... se dirige directamente al hombre israelita, y a nadie más. Sin embargo, dado que en la historia de Israel el principio redentor es operativo, el hombre común no está excluido sino definitivamente incluido en el término "tú".

Así podemos concluir también con respecto a todo lo que se ordena en los diversos mandamientos que incluso sin la necesidad de ningún mandamiento, la relación del hombre con Dios fue una vez lo que está contemplado aquí en la ley.

Para saber ahora cuál era la verdadera religión en el Paraíso, debemos recordar que el hombre fue creado como profeta, sacerdote y rey. Como profeta, el hombre tenía que pensar los pensamientos de Dios después de él. Aquí yace el reino del intelecto y de la verdad o ciencia. Como sacerdote, el hombre debía dedicarse a sí mismo ya toda la creación a Dios. Aquí está el reino de las emociones y de la estética o el arte. Como rey, el hombre debía reinar sobre toda la creación en lugar de Dios. Aquí está el reino de la voluntad y de la acción. Pero el intelecto, las emociones y la voluntad no son más que aspectos de un ego central, la personalidad humana. Ahora bien, es este hecho central el que se coloca frente a la personalidad absoluta de Dios en el primer mandamiento. En los mandamientos que siguen se le informará al hombre acerca de las diversas formas y métodos por los cuales y a través de los cuales puede ser verdaderamente religioso en moral, pero en este mandamiento el hombre en el lugar santísimo de su ser se coloca directamente cara a cara con Dios. La relación del corazón del hombre con Dios es todo lo que realmente importa. Si esta relación es buena, todo lo demás está bien. Si esta relación es falsa todo lo demás es falso. El hombre verdaderamente religioso es el hombre verdaderamente moral. Al predicar sobre este mandamiento no debemos traer nada más que esta relación interna del alma del hombre con Dios.

He aquí que el Señor tu Dios es el único Dios. Ese fue un estribillo siempre recurrente que llegó a Israel. Sólo cuando el hombre ha caído en inconcebibles profundidades de pecado es posible que alguna vez piense en otros dioses. El politeísmo no es un trampolín natural hacia el teísmo, sino una triste desviación de él.

Este punto se vuelve aún más claro si notamos que solo el hombre fue creado a imagen de Dios. Sólo el hombre puede ser religioso. La religión implica una relación entre dos personalidades. La religión es siempre un asunto de pacto, sólo un ser consciente de sí mismo como Dios puede recibir adoración religiosa. Se puede notar cuánto de la investigación moderna se ha desviado de esta posición, si uno recuerda cómo algunos evolucionistas han creído observar la religión en los animales. Esta posición extrema ya no se mantiene comúnmente. Sin embargo, casi sin excepción, las principales escuelas de filosofía de la religión sostienen que la moral ha descendido históricamente de lo no moral y la religión de lo no religioso. Ahora bien, este punto de vista implícitamente, si no explícitamente, niega no sólo la creación del hombre a la imagen de Dios, sino que niega a Dios mismo. Si Dios existe, entonces el hombre es creado a su imagen, ya que en ese caso ninguna personalidad autoconsciente podría originarse de ninguna otra fuente. Por otro lado, si existe una personalidad finita autoconsciente, Dios existe como su creador, ya que la personalidad finita no puede encontrar su explicación en nada más que en Dios. En cualquier caso, si la religión ha derivado de lo no religioso, entonces su esencia se expresa plenamente en la lealtad a los vagos principios de bondad, verdad y belleza en lugar de la reverencia por un Dios absoluto, ya que el Universo es en ese caso un concepto más amplio que Dios.

Ahora estamos preparados para ver qué es la religión sobre la base del teísmo cristiano. El intelecto del hombre debía fijarse en Dios. En Dios el hombre encontraría una inagotable profundidad de conocimiento. Así y sólo así podría el hombre tener conocimiento genuino y ser un verdadero profeta. En segundo lugar, la verdadera religión implica fijar nuestros deseos en Dios, un ferviente esfuerzo por tener comunión con él, una posesión de él en nuestras almas. Este es el verdadero misticismo. En tercer lugar, la verdadera religión implica la completa sumisión de nuestra voluntad a Dios. La voluntad de Dios para el hombre no debe ser sentida por el hombre como una carga para él. Más bien debe ser considerado como la principal fuente de alegría para el hombre.

Estos tres elementos juntos constituyen la verdadera religión: Implica fe en Dios, amor a Dios, confianza en Dios. Esto a veces se llama "piedad", a veces "temor de Dios" y a veces "amor de Dios".

2.2.2   La religión después de la entrada del pecado

Hay un gran elemento de verdad en la afirmación de la filosofía reciente de que la religión es en el fondo la misma. No podría ser de otra manera. La religión falsa debe ser una imitación de la religión verdadera. El hombre no tiene más recursos que los derivados de Dios. No hay una mota de originalidad en el hombre aparte de la originalidad que implica en la revelación de Dios. Así, el teísmo y el antiteísmo están de acuerdo en este punto. Sin embargo, su acuerdo es formal y nada más. El no teísta sostiene que las religiones son esencialmente las mismas porque el teísmo es un poco más alto que otras religiones. El teísmo sostiene que las religiones son similares en forma porque otras religiones son una desviación imitativa de un teísmo original. Debido a la operación de la gracia común de Dios, estas religiones falsas han podido llegar a un gran grado de similitud con el teísmo cristiano. Una vez que estos puntos se entiendan claramente que el teísmo es original y que el principio de la gracia común ha permitido al hombre pecador desarrollar una pseudo-religión que se parece mucho a la religión verdadera, nos evitará la confusión. Por un lado, a menudo ha habido una subestimación de las religiones paganas por parte de los cristianos ortodoxos. Hay algo de verdad en la acusación que se hace una y otra vez de que los cristianos ortodoxos han tratado de defender la verdad de su religión mediante un aislamiento artificial.[4] Es muy cierto que tal política es autodestructiva. El cristianismo es teísmo hecho realidad. Deseamos que el cristianismo tenga una base lo más amplia posible. La "recreación", es decir, la redención, se basa en la creación y la restauración. En el sentido correcto de la palabra, el cristianismo es tan antiguo como la creación o al menos tan antiguo como el protoevangelio. No se puede reiterar demasiado que el cristianismo no introduce nada nuevo sino que reintroduce lo viejo. Por otro lado, hay una tendencia a borrar la distinción entre religión cristiana y pagana. Su similitud formal ha llevado a muchos escritores a no ver más que una diferencia de cantidad entre ellos. Ahora esperamos esto de los no teístas declarados. Pero también hay mucho valor en este asunto por parte de los teístas cristianos profesos. Se dice que el cristianismo se encuentra en una relación culminante con las otras religiones. Así parece concebir el asunto el autor de "Cristo del Camino Indio". Ahora bien, esta

---

4.   A. C. Knudson recientemente nos acusó de esto en *Doctrine of God*, (Abingdon Press, 1930).

forma de plantear el asunto es ambigua. Es la verdad y, sin embargo, no toda la verdad. Cristo es "el deseado de las naciones", pero ¿en qué sentido? ¿En el sentido de que están buscando precisamente este tipo de realidad? Si esto fuera cierto, la declaración de Pablo de que el "hombre natural" está "en enemistad" contra Dios debe ser revisada. Pero dado que tomamos las Escrituras como consistentes consigo mismas, podemos ver en "el deseo" de las naciones, en sus aspiraciones de búsqueda de la verdad, no más que una vaga sensación de carencia. En lo que se refiere a su acción autoconsciente y deliberada, definitivamente le han dado la espalda a Dios. Son apóstatas de Dios. O esto es verdad porque el teísmo es verdad o esto no es verdad porque el teísmo no es verdad. Sin embargo, como pródigo de la parábola de Cristo, a veces sienten que buscan satisfacer sus necesidades con las cáscaras del antiteísmo. A veces incluso construyen un altar al "Dios desconocido". Pero incluso cuando un apóstol viene directamente de este Dios desconocido a ellos para darlo a conocer, responden que habla "locura". Solo cuando le plazca al Espíritu "salvar por la locura de la predicación a los que creen", aceptarán a este Dios que han estado "buscando" durante tanto tiempo.

Concluimos entonces que para dar al cristianismo su base más amplia como en verdad la religión del hombre, debemos cuidarnos del falso aislamiento. Por otro lado, a fin de preservar el cristianismo para que pueda ser visto como la religión del hombre, no debemos temer mantener para él un verdadero aislamiento. Un falso aislamiento podría retener permanentemente la etapa de semillero del cristianismo impidiendo que eche raíces en los campos abiertos de la humanidad y dé frutos para la raza. Un verdadero aislamiento elimina las espinas y las zarzas que asfixiarían a la planta una vez que florezca en campo abierto. Por la doctrina verdaderamente bíblica de la gracia común somos salvos del peligro de subestimar indebidamente o sobreestimar indebidamente la religión y la moralidad del paganismo.

La fraseología empleada por la teología de la iglesia puede ayudarnos a distinguir claramente con respecto al asunto en cuestión. La mejor tradición de la Iglesia ha tratado de dar expresión, por un lado, a la imagen de Pablo de la depravación total del hombre y, por otro lado, a la imagen de Pablo de los paganos acusándose o excusándose a sí mismos de acuerdo con el estándar de una ley moral interna. Claramente entonces, el cristianismo es cualitativamente distinto del paganismo. No hay otro nombre dado por el cual los hombres puedan ser salvos por la eternidad que el nombre de Jesús. El hombre natural no puede hacer ningún bien espiritual. Pero igualmente claro es que el hombre natural aún no ha recorrido toda la gama de maldad. Los gérmenes de todo pecado están dentro. Un Nerón puede convertirse en un verdadero demonio mientras aún está en la tierra, pero la mayoría de los hombres no lo hacen. Por la operación del Espíritu en la gracia común, se les impide temporalmente desarrollar la medida completa del mal inherente en ellos.

Por lo tanto, pueden hacer cosas que están al servicio de una vida tolerable en la tierra; pueden hacer el bien moral. Esta distinción entre lo espiritual y lo moralmente bueno no es del todo inequívoca, ya que en otra conexión se señaló que para ser verdaderamente moral uno también debe ser verdaderamente religioso. A este respecto, los términos se contrastan y pueden usarse así para indicar con la mayor claridad posible que lo "relativamente bueno" en lo "absolutamente malo" tiene valor para esta vida pero no para la eternidad.

2.2.3   Religión después de la entrada del principio redentor

Las religiones se convirtieron en verdadera religión en principio una vez más después de que el poder redentor se hizo activo en el mundo. Debemos enfatizar la palabra principio. Llama la atención sobre el hecho de que la religión aún no es perfecta en grado. Este será el caso en el cielo. Pero las Escrituras no dudan en hablar de los redimidos como del todo santos, del todo justos. Existe una profunda antítesis entre los redimidos en esta tierra. Esta profunda antítesis será finalmente "un gran abismo cerrado" en el más allá. Los redimidos, en quienes la vida que ahora viven es la vida de Cristo, dicen desde el fondo de su corazón: "¡Oh, cuánto amo yo tu ley! Todo el día es ella mi meditación." (Salmos 119:97 RVR1960).

Debemos observar nuevamente que esto es válido para todo el "Israel de Dios", incluido el Israel del Antiguo Testamento. Los verdaderos hijos de Abraham son los que creen en el Mesías cuya relación externa y temporal con Abraham se interioriza y exterioriza en Cristo.

Es de gran importancia para un creyente entender su relación con la ley de Dios. Dios ha hecho un pacto de obras con el hombre. Este pacto significa que aquellos que satisfagan plenamente la ley de Dios y por lo tanto sean perfectos como su Padre en el cielo es perfecto, tendrán vida eterna. Por otro lado, aquellos que no han satisfecho la ley de Dios tendrán la muerte eterna. Podemos ver a dos hombres caminando juntos, ambos aparentemente con una salud sonrosada. Cuarenta años después vemos a uno de ellos llegar a la vejez. El otro murió hace mucho tiempo. Ya cuando los vimos a los dos al principio, uno tenía los gérmenes de la enfermedad trabajando en su cuerpo, aunque parecía estar tan sano como el otro. Del mismo modo, dos hombres pueden parecer a primera vista moralmente igualmente sanos. Sin embargo, uno está "bien con Dios" y por lo tanto vive y vivirá mientras que el otro no está bien con Dios y aunque parece vivir, en realidad está muerto.

Para comprender esta diferencia entre las dos clases de hombres debemos ver claramente cuál ha sido la obra de Cristo con respecto a la ley. Ahora bien, Cristo ha quitado negativamente por su obediencia pasiva para aquellos en Él la maldición y el castigo de la ley. Es decir, los que están en Cristo ya no son culpables ante Dios, sino justos. Por lo tanto, no pueden entrar en juicio. La ira de Dios contra el pecado se ha descargado sobre Aquel que se hizo pecado por nosotros. Así estamos "cubiertos" de la "ira venidera". Esto es lo que, como ministros de Cristo, podemos llevar a los que se enfrentan a la muerte. Pocos cristianos de hoy parecen experimentar el inefable consuelo que proviene de la seguridad de que la justicia de Cristo es nuestra. La mayoría de los cristianos desean limpiar y purificar hasta cierto punto los "trapos de inmundicia" de su propia justicia. Su constante esfuerzo por llegar al cielo por la regla de oro no les da ni un momento de paz. La amenaza de Dios: "Maldito todo aquel que no hiciere la ley de Dios" se cierne sobre todo aquel que busque sin Cristo o simplemente con su ayuda cumplir la ley de Dios. Por otro lado, la perfecta libertad del temor al juicio llega al corazón de aquellos que confían únicamente en la justicia de Cristo.

El segundo aspecto de la obra de Cristo con respecto a la ley es que por su obediencia activa merece el cielo para nosotros. Él cumple el requisito del pacto de obras, que el hombre debe obedecer perfectamente y luego entrar en el cielo. Así, todos los que están en Cristo no sólo son liberados de la maldición sino que tienen la promesa de la vida eterna. Somos herederos de Dios y coherederos con Cristo.

Si ahora la obra de Cristo con respecto a la ley es clara, debemos notar específicamente que Cristo ha hecho lo mismo por el creyente del Antiguo Testamento que por el del nuevo. No hay una diferencia esencial entre un creyente del Antiguo Testamento y un creyente del Nuevo Testamento en lo que se refiere a la ley. Para ambos, Cristo ha llevado la pena de la ley. Para ambos Cristo ha merecido el cielo. Porque la ley tampoco era un camino por el cual él mismo pudiera ganarse la libertad de la maldición y la entrada a la tierra prometida. Porque tampoco la ley pretendía ser un camino a la vida independientemente de Cristo. Para ambos fue la ley dada como reguladora de una vida de gratitud por la redención recibida.

Aunque estos asuntos se conceden fácilmente con respecto a los creyentes del Nuevo Testamento, no son tan evidentes con respecto al creyente del Antiguo Testamento. Pablo en la Epístola a los Gálatas parece hacer una gran distinción entre las dos dispensaciones en cuanto a la relación del creyente con la ley en cada caso. Pero por muy grande que haga la distinción, no olvida ni por un momento la distinción aún mayor entre aquellos que buscan por su propia justicia heredar la vida y aquellos que buscan la salvación a través de la justicia de Cristo solamente. De hecho, la distinción de Pablo entre la dispensación de la ley del Antiguo y del Nuevo Testamento se hace explícitamente con el fin de profundizar el abismo entre la justicia de Dios y la justicia del hombre. Su argumento en contra del judaizante era que, a menos que interpretaran espiritualmente el propósito de la ley del Antiguo Testamento, y con ello se dieran cuenta de que la verdadera justicia era, incluso para el creyente del Antiguo Testamento, cumplida por Cristo, serían clasificados con aquellos que buscan por su propia justicia para entrar en el cielo. El mismo Pablo había experimentado que intentar escalar el cielo por las obras de la ley es como intentar llevar agua en un colador. Por lo tanto, busca probar definitivamente que ni siquiera en el Antiguo Testamento se enseñó a los hombres a buscar por las obras para merecer la vida. Una vez que el pecado ha entrado, el hombre puede entrar al cielo solo por el pacto de la gracia. Y este pacto de gracia no queda sin efecto, nos dice Pablo, por la ley, que es como dada a Moisés que vino después. Esa ley misma es subsidiaria del pacto de gracia. Su naturaleza estricta e irrevocable que apareció tan terriblemente bajo la dispensación "de condenación", estaba calculada para obligar a los hombres a buscar la salvación por gracia. Así, la ley debía ser un ayo para Cristo. Así decía la ley: "La salvación está en mí, pero sólo en Cristo".

Entonces vemos que todavía podemos predicar la ley en el mismo doble sentido que tuvo para Israel. En primer lugar, las demandas de Dios sobre los hombres son tan absolutas como siempre, y el hombre es tan incapaz como siempre de satisfacer estas demandas. Así puedo aprender "cuán grandes son mis pecados y mis miserias", y la ley se convierte para mí en el "maestro que conduce a Cristo". En segundo lugar, cuando haya sentido mi culpa e impotencia con respecto a la ley de Dios y haya acudido a Cristo en busca de refugio, puedo aprender de la ley en todo su detalle cómo puedo regular mi vida de gratitud por la redención recibida.

En ambos aspectos es sumamente necesario predicar la ley hoy. Mucha confusión reina sobre el primer punto. Se dice muy a menudo que todo el mundo puede aprender por experiencia la miseria de los hombres. Basta señalar los hospitales para convencer a los hombres de la necesidad de Cristo. O si esto no es suficiente, al menos la conciencia del hombre lo condena lo suficiente como para darse cuenta de la necesidad de un Redentor. Sin embargo, la conciencia de nadie y la experiencia de nadie nunca, aparte de la ley que se encuentra en las Escrituras, le han dicho que es digno del castigo eterno. La experiencia sólo porque es una experiencia pecaminosa, no puede amar la ley de Dios. La experiencia, porque es experiencia pecaminosa, está en enemistad con Dios. Por lo tanto, ni siquiera admite que exista una ley que sea absoluta porque está fijada por un Dios absoluto. La experiencia, porque la experiencia pecaminosa, pretende ser una ley para sí misma y no se siente culpable ante Dios, sino, en el mejor de los casos, culpable ante sí misma por la transgresión de la ley. Por consiguiente, no hay dolor "para con Dios", que lleve al arrepentimiento; la experiencia como tal no puede ser el ayo de Cristo. No podemos omitir la predicación de la ley como fuente, única fuente de nuestro conocimiento del pecado.

Luego, en cuanto a la predicación de la ley como reguladora de la vida del creyente, podemos decir que esto también ha sido descuidado. Y de nuevo nuestro énfasis en la experiencia como maestra es erróneo. Es cierto que cuando la experiencia es experiencia "cristiana", ya no debe contraponerse a la ley porque en este caso se ha desarrollado en conexión con la ley. Pero este es exactamente el punto. Tendemos tan fácilmente a separar la experiencia de la ley. Y esto es fatal de experimentar. La conciencia como tal no es "la voz de Dios", solo lo es una conciencia "cristiana" y eso solo indirectamente. Incluso la conciencia cristiana debe recargarse constantemente. Se "agota" tan fácilmente. En primer lugar, su campo de visión se estrecha tan fácilmente. Muchas cosas no se conocen por ella como pecado a menos que la ley así lo haya dicho. Pero la ley de Dios es "muy amplia". En segundo lugar, sólo la conciencia pierde su sensibilidad. Pero la ley entra hasta lo más recóndito del corazón. Desciende mucho más profundamente en el ser del hombre que la psicología de Freud. La antorcha de la psicología humana deja las profundidades del corazón humano como un pantano helado mientras el Sol de la ley de Dios derrite el pantano poniendo en movimiento los muchos escorpiones, víboras e insectos venenosos. Por lo tanto, la ley, cuando se ve como "espiritual", nos hace anhelar la pureza, el alivio de la contaminación del pecado, como una vez nos hizo clamar por el alivio de su culpa. El cristiano que busca guiar su vida cuidadosamente por la ley de Dios está siempre consciente de quebrantar la ley. El cristiano de nombre, por el contrario, dirá fácilmente: "todas estas cosas las he guardado desde mi juventud".

Podemos señalar de paso que si la ley se predica así en toda su espiritualidad, servirá como una mejor cura para los males sociales que la tan alabada educación de nuestros días. El dicho socrático de que el conocimiento es virtud, es decir, que los hombres cumplirán la ley con sólo verla, ha llevado a los hombres a propagar la idea de que la educación como tal hará buenos a los hombres. Pero la educación como tal no puede capacitar a los hombres para ver la espiritualidad de la ley. Para ver esa espiritualidad el hombre debe ser regenerado. Regeneración más educación, en lugar de sólo educación, debe ser nuestro lema.

2.3   Lo que está prohibido

La sustitución del Dios verdadero por "otros dioses", como hemos visto, es la sustancia de

las religiones falsas. "Porque cambiaron la verdad de Dios por la mentira, y adoraron y sir-
vieron a la criatura antes que al Creador, que
es bendito por los siglos" (Rom 1, 25). No se
puede concebir mayor subversión. El hombre,
especialmente, pero también toda la creación,
es objeto de culto. Cuán radicalmente diferente es la interpretación moderna de la religión
pagana. Según él, el hombre estaba buscando
a tientas al Dios verdadero, pero mientras estaba en camino, como una ayuda para su fe,
adoraba al sol, la luna y las estrellas. Según esta
interpretación, lo no moral precede a lo moral
y es en este punto donde debe librarse principalmente la batalla entre las dos formas de interpretación. Sostenemos que hacer derivar la
religión de lo no moral mata no sólo toda la
religión y la moral sino toda la experiencia humana en general, ya que envuelve al hombre
en un vacío sin sentido. Mantener la doctrina
bíblica de una perfección original del hombre
es, por tanto, no sólo aferrarse a una "autoridad
externa" o a una "mera tradición", sino que es
al mismo tiempo aferrarse al teísmo.

Ahora bien, los hechos de una religión pagana están en armonía con nuestra concepción
teísta de la religión. Hay una diferencia cual-

itativa entre cualquiera y todas las religiones del paganismo y la religión del teísmo como se encuentra en el cristianismo. No importa cuán cercana sea la semejanza formal con el cristianismo, la religión pagana siempre adora a la criatura, mientras que el cristianismo adora a Dios.

De esto no se sigue que no haya gradaciones entre las religiones paganas de modo que todas ellas sean igualmente sin valor. La doctrina de la gracia común nos permite hacer mucha diferencia entre uno y otro, mientras que la doctrina de la gracia especial nos prohíbe borrar la distinción cualitativa que los separa a todos del cristianismo. La diferencia entre estas religiones se debe a medidas muy diferentes de la gracia común de Dios. A través de la gracia común, la civilización ha avanzado gradualmente de modo que el hombre ha podido librarse únicamente de algunas de las formas más sensuales de adoración de las criaturas. Pero el culto a las criaturas permanece incluso en la forma más refinada de religión no cristiana. Incluso cuando adora, la verdad y la belleza, sigue siendo adoración de criaturas, ya que estos ideales no se conciben como postulados por Dios.

Ahora debemos examinar brevemente las principales formas de religión antiteísta.

2.3.1   El ateísmo

El ateísmo es la negación más desafiante y abierta de la existencia misma de Dios. En él, el principio del pecado ha alcanzado su clímax. Aun así, el hombre no puede librarse por completo de la idea de Dios. La propia lucha del ateo contra Dios puede ser una indicación de temor a Dios. Hay mucho espíritu bravucón en el movimiento. Este espíritu bravucón solo puede mantenerse temporalmente. En el infierno no habrá ateos. Será imposible negar la existencia de Dios en el día del juicio y después.

El ateísmo es peor que el paganismo. El paganismo al menos sirve a los dioses. Admite algo de su insuficiencia; indica algún deseo de ponerse en contacto con poderes superiores. El ateísmo, por otro lado, se ha sellado herméticamente contra Dios. El problema tendrá que decidirse sólo mediante una prueba de fuerza.

Hay mucho ateísmo práctico en todos los países civilizados. El reino de la ley ha hecho que muchos digan en efecto, si no en palabras, "Jehová no hará bien, ni hará mal" (Efesios 1:12). La religión se ha convertido para muchos en un tema secundario en la vida. Ya no se piensa en Dios como controlando y afectando nuestras vidas en cada momento en todos los aspectos a través de todas las vías posibles. Ante este hecho es necesario predicar el mensaje profético de que el Señor "castigará a los hombres que habitan en esta tierra, que dicen en su corazón: El Señor no hará bien, ni hará mal". La imagen del día del juicio en ninguna parte es más terrible que cuando se presenta ante los que ignoran a Jehová. Ser ignorado es un insulto casi tan grande como ser desafiado abiertamente. Tal vez incluso se puede considerar un insulto mayor en la medida en que un desafío abierto al menos "figura con" Dios, dándole crédito por algún poder.

2.3.2 *Religiones de la naturaleza*

El hombre, aunque haya declarado su independencia, todavía tiene que vivir como pródigo de la sustancia del padre. Además, siente algo de lo absurdo de haberse elevado a sí mismo a la posición de Dios. Más adelante en la historia declarará abiertamente su autonomía moral (Kant). Por el momento debe buscar a su alrededor algún objeto de adoración. Encuentra estos objetos en la creación inferior. La creación inferior lo afecta de muchas maneras y eso está más allá de su propio control. El hombre es como un niño que se ha echado encima una

tetera con agua caliente y culpa a la tetera de
su miseria. El hombre solo busca escapar de las
malas consecuencias del pecado cuando lo enfrentan en los diversos poderes de destrucción.
En lugar de darse cuenta de que los poderes de
destrucción son agentes de Dios, de modo que
debe ir a Dios para encontrar alivio de ellos, el
hombre desafía estos agentes y los adora. La es-
tupidez y futilidad del pecado se ilustran completa y típicamente.

1. Las formas inferiores de naturaleza-
    religión en realidad no tienen dioses
    sino solo almas. El animismo y el
    fetichismo[5] son ejemplos de este tipo.

2. Las formas superiores de adoración
    a la naturaleza sí tienen dioses. La
    imaginación creadora ha entrado para
    crear escultura y mitología.

(a) Las formas semíticas de las religiones de
naturaleza superior han desarrollado algún tipo
de idea de trascendencia. El pecado ha traído a
Dios a su creación y por lo tanto ha negado la
trascendencia de Dios sobre su creación. A este
respecto, todo el énfasis en la inmanencia de

5. Nota del editor: devoción hacia ciertos objetos
    materiales.

Dios en la teología moderna es una forma clara y extrema de la transgresión del primer mandamiento. Sin embargo, en diferentes momentos y en diferentes grados, el hombre ha sentido que necesita un Dios trascendente. No como si él mismo hubiera llegado a una idea de trascendencia verdadera. Tal idea de verdadera trascendencia sólo podía volver a él por revelación de Dios; y eso no por revelación a través de la experiencia humana como tal ya que la experiencia humana como tal es pecaminosa. La trascendencia, tal como la concibe el pensamiento no teísta, es separación. Esto es deísmo.

(b) Las formas Indo-Germánicas de religiones de naturaleza superior han enfatizado la necesidad de la cercanía de Dios. Se habla mucho de la relación padre e hijo. Pero, de nuevo, la idea de la verdadera inmanencia se pervierte hasta convertirse en identidad. Esto es panteísmo.

Así, la oscilación del péndulo de la religión antiteísta ha sido del deísmo al panteísmo. Y la filosofía motivada por el mismo principio antiteísta ha seguido un curso similar.

Cabe señalar que en correspondencia con el objeto falso en la religión antiteísta, el hombre ha albergado una actitud subjetiva igualmente falsa. No se puede encontrar nada del verdadero servicio del corazón. Como falso profeta el hombre busca interpretar el Universo sin referencia a Dios. Se supone que los poderes malignos existen como poderes independientes de Dios. El hombre no será "enseñado por Dios". Ha perdido su agudeza mental. Como un rey falso, busca gobernar la naturaleza solo para su propio interés. La naturaleza, la ciencia, el arte y el gobierno, todos a su vez se hacen siervos del hombre sin ser también siervos de Dios. El hombre no gobernará en lugar de Dios. No recibirá órdenes, sólo las dará. Ha perdido la obediencia. Como falso sacerdote, dedica todas las cosas a sí mismo en lugar de ofrecer todas las cosas a Dios. Aquello que serviría a Dios, él evita que sirva a Dios. Su corazón está alejado de Dios y evita a Dios por completo o busca una falsa relación. El hombre reza a los dioses pero no a Dios.

Reza por alivio pero no por perdón. Si tiene remordimiento, no es un "dolor hacia Dios", sino un dolor porque el mal ha venido debido a su propia locura.

2.3.3 Religiones Éticas

Las religiones éticas son superiores a las religiones de la naturaleza y se aproximan más en forma al teísmo. En primer lugar son monoteístas. En consecuencia, se representa a Dios no solo controlando el orden natural del mundo, sino también controlando el orden moral del mundo. En segundo lugar, estas religiones creen en una revelación de Dios en forma de escrituras sagradas, el brahmanismo tiene sus Vedas, el budismo sus pitakas, el confucianismo sus reyes, el parsismo su Avesta y el mahometismo su Corán. Sin embargo, en ningún caso se concibe la ley moral como procediendo con la autoridad inviolable de un Dios absoluto. Y en cuanto a la religión subjetiva, no encontramos esa piedad que combina un verdadero sentido de exaltación y de proximidad de Dios. Si se recuerda que en los primeros mandamientos Dios se coloca directamente ante el centro de la personalidad del hombre requiriendo del hombre que no busque en otra parte su gozo y paz, se ve fácilmente que todas estas religiones son tristes desviaciones del teísmo.

Salir a las naciones para llevar el evangelio del cristianismo significa más que difundir el conocimiento de la civilización o de un modo de vida ético superior. Significa más bien llevar a los hombres el conocimiento de las exigencias de un Dios santo y justo que en ningún sentido puede tolerar el pecado, pero que en su amor condescendiente, perdona el pecado en Cristo para hacer que los hombres vuelvan a ser profetas, sacerdotes y reyes. Una vez que conocen a este Dios en Cristo, no adorarán a la naturaleza sino al Dios de la naturaleza, no adorarán a la ley sino al Dios de la ley.

Pero ojalá la idolatría prevaleciera sólo en los países paganos. El primer mandamiento como fundamento de todos los demás necesita ser predicado en este país y en todos los países civilizados así como en las tierras paganas.

3

EL SEGUNDO MANDAMIENTO: ADORACIÓN

3.1 Observaciones

EL PRIMER MANDAMIENTO trata de la religión propiamente dicha como fundamento de la moralidad. El segundo mandamiento trata de la expresión externa de la religión. El primer mandamiento nos enseña que debemos servir a Dios; el segundo, cómo podemos hacer esto correctamente en lo que se refiere a la expresión externa de la religión. Por lo tanto, estos dos mandamientos se relacionan con asuntos completamente distintos. Esto se olvida con bastante facilidad. A veces se escucha un sermón sobre el primer mandamiento en el que se trae todo tipo de material que trata de imágenes de Dios. Sin embargo, cuando los hombres usan imágenes en la adoración, no necesariamente buscan sustituir al Dios verdadero por un Dios falso. Puede ser una adoración defectuosa del verdadero Dios. Es cierto que una transgresión del segundo mandamiento lleva muy fácilmente a una transgresión del primero. Las imágenes atraen muy fácilmente la atención exclusiva sobre sí mismas y, por lo tanto, se convierten en objetos en lugar de medios de adoración. Sin embargo, no servirá identificar la adoración de imágenes con la idolatría. Si podemos hacer alguna comparación entre varios mandamientos de la ley, el primer mandamiento es más central que cualquier otro objetivamente y, por lo tanto, también más central que el segundo. Una vez que se hace una sustitución por el único Dios verdadero, toda religión y moralidad verdadera desaparecen de inmediato.

3.2 Lo que se ordena

Para determinar cuál es el contenido positivo del segundo mandamiento, es necesario en primer lugar que formemos una concepción verdaderamente bíblica de lo que significa la imagen de Dios. Ahora podemos hablar de la imagen de Dios en el sentido de la idea que Dios tiene de sí mismo. Sólo Dios conoce su propio ser. Sólo Él tiene la imagen completa y verdadera de sí mismo. Esta concepción de la imagen de Dios es uno de los factores que intervienen en la religión y también en el culto. Ninguna religión verdadera o adoración verdadera es posible a menos que Dios le revele al hombre, algo de sí mismo de acuerdo con la capacidad del hombre. Toda religión y culto no teísta intenta en vano prescindir de esta autorrevelación de Dios, comienza analizando al hombre. Ahora bien, es importante estar seguro para formarse una verdadera concepción del culto para saber qué es el hombre. Pero ¿cómo se puede saber qué es el hombre si no se sabe qué es Dios? La naturaleza del hombre y, por lo tanto, la naturaleza de la verdadera religión y el verdadero culto, en la medida en que está determinada por la naturaleza del hombre, están determinada por la naturaleza de Dios.

Por lo tanto, cuando hablamos de la imagen de Dios en el segundo sentido del término, es decir, la imagen de Dios en el hombre, tenemos el segundo y también el factor secundario determinante en la composición de la religión y el culto. Por la imagen de Dios en el hombre no nos referimos a la idea que el hombre pueda haberse formado de Dios. No es "mi idea de Dios", sino "la idea que Dios tiene de mí" lo que buscamos. Es decir, debemos conocer la constitución del hombre tal como fue formado por Dios. Como tal, podemos distinguir entre la imagen de Dios en el hombre en el sentido más amplio y más estrecho del término. Por la imagen de Dios en el hombre en el sentido más amplio se entiende que el hombre, debido a que fue creado por Dios el Espíritu, la personalidad absoluta es un espíritu, una personalidad finita autoconsciente y autodeterminada. Por imagen de Dios en sentido estricto entendemos que el hombre originalmente era éticamente perfecto, es decir, que poseía verdadero conocimiento, justicia y santidad. Col 3:10, Ef. 4:24

De estos dos factores determinantes, Dios como Espíritu, inmortal, invisible y el hombre como espíritu finito y éticamente perfecto que se expresa a través de su cuerpo, podemos conocer los principios del verdadero culto.

La adoración debe ser espiritual. Esto se sigue de la espiritualidad de Dios. Cualquier adoración debe estar fijada en Dios como Espíritu. Nunca se le puede pensar como representado por cosas sensibles o materiales, eso sería rebajar al Creador al nivel de la criatura. Esta espiritualidad de adoración también está implícita en la constitución del hombre, él también es ante todo espiritual, es cierto que su cuerpo es una parte esencial de su personalidad finita. De aquí se sigue que el hombre puede e incluso debe dar expresión exterior al culto de su espíritu. Pero esta expresión externa no reduce la espiritualidad del culto si sólo se usa lo externo como medio para lo interno. La adoración se vuelve no espiritual o sensible si (a) se piensa en Dios de forma sensible y (b) si el hombre usa lo externo como un fin en lugar de como un medio.

En segundo lugar, la adoración debe ser regulada por Dios. Esto está implícito en el hecho de que Dios es el Espíritu absoluto y el hombre la personalidad finita. La adoración normal no puede sino basarse en la revelación. Aquí no hablamos de la Biblia. El hombre original inspiró la revelación y la voluntad de Dios perfectamente sin ninguna necesidad de revelación especial. Se sigue que si el hombre se separa de esta verdadera revelación, no puede saber cómo regular su adoración a Dios a menos que Dios venga una vez más a él en una revelación especial. Después del pecado, es imperativo que el hombre tenga su adoración dirigida de acuerdo con las instrucciones de la revelación especial en cualquier forma que pueda venir. La historia de Micaías en el Antiguo Testamento nos brinda una ilustración interesante en este asunto. Micaías pensó que el sentido común se oponía a la regulación de Jehová de que todos los israelitas debían llegar al ritmo central de adoración en tiempos establecidos. En consecuencia, hizo su propio pequeño santuario y estableció su propio sacerdote, con el resultado de que se entristeció por su desobediencia. El principio implicado debe enfatizarse hoy cuando la predicación por radio y los automóviles una vez más parecen oponer el sano sentido común a la ordenanza de Dios de que no debemos descuidar el congregarnos. Por supuesto, el asunto de la regulación del culto no se limita al lugar de reunión sino que involucra mucho más.

En tercer lugar, la adoración debe ser mediata. Así como el primer principio se derivó, al menos en parte, de consideraciones metafísicas, es decir, de la constitución del hombre como criatura, así este tercer principio se deriva de consideraciones éticas, es decir, la pérdida del hombre de la imagen de Dios en el sentido más estricto. Cuando el hombre era éticamente perfecto, podía acudir inmediatamente a Dios. Con la pérdida de su imagen en el sentido más estricto, el hombre no puede llegar a Dios sino a través de un mediador. "Nadie puede venir al Padre sino por mí". En Cristo Dios restaura su imagen al hombre. "Y vestíos del nuevo hombre, creado según Dios en la justicia y santidad de la verdad" (Efesios 4:24). "Y revestíos del hombre nuevo, que se renueva en conocimiento conforme a la imagen del que lo creó". Ahora bien, en la medida en que sólo en Cristo se restaura al hombre la imagen de Dios en el sentido más estricto, nadie puede verdaderamente adorar a Dios sino a través de Cristo. Incluso durante la dispensación del Antiguo Testamento esto era cierto. Incluso entonces la adoración tenía que estar mediada por el sacerdocio y el tabernáculo que juntos prefiguraban a Cristo. Más directamente aún, ya que el culto de la Encarnación es ante todo comunión entre la Iglesia, es decir, el cuerpo de Cristo y Cristo mismo como su cabeza.

3.3 Lo que está prohibido

Lo que está prohibido es, naturalmente, cualquier forma de transgresión o descuido de alguno o todos los principios de la verdadera adoración enumerados. Y si alguno de estos principios es ignorado, todos lo son. Cualquier culto sensitivo y sensorial es directamente una violación del principio de espiritualidad en el culto que es al mismo tiempo un culto obstinado e inmediato. Una vez más, cualquier forma de adoración intencionada es evidentemente inmediata y tiende a volverse sensacionalista. Finalmente, cualquier adoración inmediata es *ipso facto* intencionada y también tiende a volverse sensual.

Además, se puede observar que el principio de la espiritualidad en la adoración fue violado más gravemente en épocas anteriores que en la actualidad. Era natural que el hombre, una vez apartado de Dios, aún sintiera la necesidad de un dios, y que en la etapa anterior de la historia buscará encarnar su idea de dios en formas sensibles. Incluso hizo su dios a la imagen de los animales primero porque aún no se atrevía a erigirse en dios. Israel estaba en constante peligro de ceder a esta tendencia pecaminosa. En consecuencia, cuando Dios estaba restableciendo la verdadera adoración de Dios en el mundo a través de Israel, fue necesario dar una advertencia especial contra la adoración sensual. En Deut. 4,15ss Dios relaciona la idea del verdadero culto con su propia espiritualidad (Dt. 4,15). "Tened, pues, mucho cuidado por vosotros mismos, porque no visteis ninguna semejanza el día que el Señor os habló en Horeb de en medio del fuego. Para que no os corrompáis y hagáis para vosotros una imagen tallada, semejanza de figura alguna, semejanza de varón o hembra…"

La imagen hecha de Dios puede usarse primero como un símbolo para representar a Dios a fin de ayudar al hombre a adorar a Dios. Es por eso que la iglesia romana todavía quiere usarlos. Sin embargo, las Escrituras no pueden tolerar tal sabiduría del hombre. Dios sabe mejor que el hombre cuál es la mejor manera de que el hombre lo adore. Además, la imagen como símbolo se convierte fácilmente en imagen como fetiche, de modo que Dios se identifica con la imagen y la imagen sustituye a Dios. De esta manera, una transgresión del segundo mandamiento lleva fácilmente a una transgresión del primer mandamiento.

La forma moderna de transgresión del primer principio del verdadero culto a menudo asume la forma de un hiperespiritualismo. El énfasis del modernismo en los "valores espirituales" es una buena indicación de la falta de verdadera espiritualidad. Podemos ver esto, por ejemplo, en la visión modernista de los sacramentos. Estos sacramentos han sido tan enrarecidos en su significado que no son más que vagos símbolos de una realidad aún más vaga. La resurrección corporal de Cristo se sacrifica a su "resurrección espiritual" y, en consecuencia, debemos buscar la "comunión espiritual" con el "espíritu de Cristo". Esto ataca la raíz de la verdadera adoración, ya que la adoración trata con la expresión externa de la religión. El modernismo es tan poco espiritual en su culto como lo fue la forma más baja de culto a los animales.

El segundo principio de la verdadera adoración, que debe ser regulada por Dios, ha sido violado a lo largo de los siglos, no tanto por un deseo expreso de autorregulación como por una falta de hecho de la verdadera revelación de Dios. No hace falta decir que las naciones paganas no consultan la verdadera revelación de Dios para establecer los principios del culto. Pero el punto no tan obvio pero cierto es que en muchas iglesias cristianas se presta muy poca atención a las Escrituras cuando se determinan los principios o prácticas de adoración. El sentido común en lugar de las Escrituras es determinante, lo que parece útil desde el punto de la popularidad a menudo tiene más peso que lo que realmente se enseña en las Escrituras. En el argumento reciente sobre el lugar de la mujer en la adoración, no prevaleció tanto como una diferencia de interpretación de las Escrituras, como una diferencia entre aquellos que realmente consultarían las Escrituras como autoritarias y aquellos que considerarían autoritarias las necesidades del siglo XX. De acuerdo con el punto de vista ortodoxo, lo que enseñan las Escrituras será, después de todo, lo mejor para el siglo XX, sin importar lo que el propio siglo XX pueda pensar de él en el presente. La autorregulación significa la muerte de cualquier iglesia, recuerde a Micaías.

El tercer principio de la verdadera adoración, es decir, el de la mediación, es violado por todos los movimientos que dejan de lado o minimizan la posición redentora centralmente objetiva de Cristo como el camino nuevo y vivo hacia Dios. Nuevamente nos encontramos con varias formas de transgresión. Podemos señalar algunos de los más comunes:

En primer lugar, no hace falta decir que todas las naciones más allá de los límites de la verdadera revelación de Dios en Cristo buscan llegar a la presencia de Dios, en la medida en que realmente buscan llegar a su presencia, en formas independientes de Cristo. El hombre

pecador no puede ver ninguna razón por la que
no sea lo suficientemente bueno en sí mismo
para presentar su ofrenda a Dios. El hombre
pecador se opone a la sugerencia de que necesita un mediador como el que pretende ser Cristo.

Más cerca están las diversas corrientes
místicas de pensamiento que han estado más
o menos en contacto con la iglesia a lo largo
de los siglos. Ahora bien, hay una forma muy
sólida y bíblica de misticismo. Este misticismo
se apega tanto como puede a la revelación de
Dios en Cristo y en la Escritura y, por lo tanto,
busca apropiarse emocionalmente del gozo del
creyente y de la gloria de Dios, como puede
con la revelación de Dios. Junto a este, o como
sustitutos de este misticismo verdadero, siempre ha habido un falso misticismo que niega la
necesidad de una revelación mediata y trabaja independientemente de ella. Incluso puede
haber un hiperespiritualismo que niega el uso
o la necesidad de una expresión externa de la
religión por completo debajo de este misticismo. Este falso misticismo mismo, cuando se
pone en contacto con la revelación en Cristo,
consiste en un intento de elevarse a sí mismo a
una teoría de las facultades. Afirma tener una

escalera privada al gran trono blanco.

En la época medieval, Dionisio el Areopagita y Meister Eckhart representan una forma extrema de misticismo no bíblico. En el caso de Meister Eckhart, en realidad no era más que una variedad especial de panteísmo. Obviaba no sólo a Cristo como mediador, sino también la distinción entre Creador y criatura.

Hugo de San Víctor y Buenaventura fueron menos extremos. Según Buenaventura "de Dios desciende toda luz; pero esta luz es multiforme en su modo de comunicación. La luz exterior o tradición ilumina las artes mecánicas; la luz inferior que es la de los sentidos da lugar en nosotros a las ideas experimentales; la luz interior que llamamos razón nos hace conocer verdades inteligibles; la luz superior viene de la Gracia y de las Sagradas Escrituras y nos revela las verdades que santifican."[1] Buenaventura pensó que podría recibir algunas revelaciones individuales de la verdad de Dios. Esto es lo que le ha hecho a él y a muchos otros místicos infieles al principio de la mediación en el culto.

Que la iglesia romana esté especialmente sujeta a tales desviaciones místicas se debe al

---

1. Ozanan, Dante and Ph. Th., p. 86, New York, 1898.

hecho de que ella misma es débil en el punto mismo de la centralidad de la revelación de Dios en Cristo. Su doctrina de la tradición, la infalibilidad papal, etc., ya han irrumpido en el principio mismo de la mediación. No es de extrañar entonces que Roma siempre haya estado dispuesta a albergar a los místicos más extremos y que nunca haya establecido una fuerte oposición doctrinal contra el falso misticismo.

Entre las comuniones protestantes también ha habido manifestaciones del mismo espíritu. De estos podemos mencionar varias formas de pietismo, así como el movimiento cuáquero. La idea de la "luz interior" es una violación del principio de mediación en la adoración.

Sin embargo, más peligrosas que éstas, más corrosivas para el protestantismo, sí, a la cristiandad, son las formas modernas de misticismo, por ejemplo, la del decano Inge[2] y la del modernismo en general. Del modernismo en general, el peligro inminente que amenaza al cristianismo desde esta fuente se oculta por el homenaje verbal que este movimiento rinde a Cristo como mediador. Pero su misma doctrina

---

2. Nota del Editor: William Ralph Inge - Sacerdote Anglicano, teólogo de cambridge, decano en la catedral de San Pablo.

de que Jesús ha enseñado la paternidad universal de Dios prueba que lo ha negado como mediador en un sentido realmente específico. Cristo, según este punto de vista, ha descubierto el
valor del alma humana per se. En consecuencia, cada alma puede realmente en sí misma
entrar en contacto inmediato con Dios. Nadie
necesita ir al Cielo o al Hades para que descu-
bramos por nosotros cuál puede ser el camino a
Dios. "Mira hacia adentro" es el lema. Mira lo
suficientemente profundo y encontrarás a Dios
porque ciertamente eres Dios. El Ideal dentro
de ti es la realidad de Dios. Así dice el modernismo. Así dice también el pragmatismo moderno con su declarada hostilidad al cristianismo.
Si la religión puede prosperar sin revelación[3] de
ningún tipo, ¿por qué entonces la adoración
debe ser mediada por Cristo?

El énfasis moderno en la inmanencia de
Dios, que virtualmente ha negado la divinidad
específica de Cristo y afirmado su humanidad
esencial, todo ayuda a desarrollar este falso misticismo pagano. O uno puede darle la vuelta
a esto y decir que el falso misticismo ayuda al
falso énfasis en la inmanencia de Dios.

---

3. Cf. J. S. Huxley, *Religion Without Revelation*,
    (E. Ben, 1927).

Finalmente, podemos señalar que gran parte del énfasis reciente en el arte como esencialmente religioso se debe a una manifestación del mismo falso misticismo moderno. A menudo, los recitales de órgano se sustituyen por la predicación del Señor. O, menos extremo, los números musicales artísticos son las características realmente importantes de un servicio religioso. Ahora bien, admitiendo que el arte es esencialmente religioso, y que el verdadero arte no puede separarse de la religión, ciertamente no todo arte está en consonancia con la religión cristiana. Como personas ortodoxas no tenemos objeción a la forma más artística de alabar al Creador. De hecho, creemos que solo un cristiano puede ser verdaderamente artístico, ya que solo él puede realmente conectar el arte con la fuente de la belleza. Pero estamos definitivamente persuadidos de que el Creador no puede realmente ser alabado sino a través de Cristo. De ahí que el arte, si ha de ser un elemento en la verdadera adoración de Dios, debe establecer su conexión con Cristo como el restaurador del hombre a Dios.

Antes de pasar al tercer mandamiento, todavía debemos observar la amenaza y la promesa relacionadas con el segundo mandamiento.

Lo primero que hay que notar es que estas amenazas y promesas realmente conciernen a toda la ley, ya que la ley es un organismo y no hay una buena razón para limitar la amenaza o la promesa al segundo mandamiento. En segundo lugar, la amenaza y la promesa traen vívidamente al primer plano lo que ya estaba implicado, como vimos en el trasfondo teísta de la ley, que la propia persona de Dios está detrás de la ley. Aquí está la autoridad final. Es la autoridad que el hombre necesita, sin la cual no puede vivir. El hombre quebranta la ley por su cuenta y riesgo. Quebrantar la ley es un insulto personal directo al Dios viviente. Nunca podemos estar separados del juicio. En tercer lugar, hay una diferencia entre la amenaza y la promesa en el sentido de que el castigo amenazado en la ley sigue naturalmente a la violación de la ley, mientras que la recompensa que se promete es una gracia adicional. *"Así también vosotros, cuando hayáis hecho todo lo que os ha sido ordenado, decid: Siervos inútiles somos, pues lo que debíamos hacer, hicimos."* (Lucas 17:10 RVR1960)

En cuanto al contenido de la amenaza y la promesa, primero debemos notar que se dan a personas que están dentro del círculo del pacto. Ahora bien, hemos visto que el castigo que en otro tiempo correspondía a los que son de Cristo ha descendido sobre Cristo mismo. El mal que viene a los cristianos es la corrección y ya no el castigo. ¿Cómo entonces Dios puede hablar de castigo a Israel, es decir, al pueblo de Dios? Porque no todo Israel es de Israel. Hay aquellos que parecen ser de Israel y deben ser tomados como pertenecientes a Israel por su profesión, quienes sin embargo en sus corazones no son creyentes. Sobre tal fin sólo desciende el castigo. No fue una idea insertada más tarde de Ezequiel 18:20, *"El alma que pecare, esa morirá"*, lo que hizo que los hombres supongan un Dios justo, fue un Dios justo que ya había dicho en Deut. 24:16, *"Los padres no morirán por los hijos, ni los hijos por los padres; cada uno morirá por su pecado."* (RVR1960) Es aquí donde tratamos el tema final del asunto. Sin embargo, esto no excluye el hecho de que en esta vida los hijos de Dios y los hijos del mundo están a menudo unidos por lazos familiares. Igualmente cierto es que Dios ha establecido leyes físicas y morales que funcionan en generaciones. Dios trata de hecho a lo largo de la historia de la redención con los individuos como miembros de la raza. Los hijos de Dios son miembros de la humanidad redimida. Los que no son redimidos ya no pertenecen realmente a la humanidad.

En consecuencia, ocurrirá muchas veces que los hijos de los creyentes sufran las malas consecuencias de los pecados de sus padres incrédulos o también de sus padres creyentes. Pero en todos estos casos el creyente no recibe castigo sino castigo y eso no necesariamente por los pecados cometidos por él sino para que la gloria de Dios pueda ser revelada.

4

EL TERCER
MANDAMIENTO:
REVELACIÓN

4.1   Observaciones

Para la correcta comprensión del tercer
mandamiento es necesario ante todo comprender lo que la Escritura quiere decir en general
con un "nombre". Hemos llegado a pensar en
los nombres como etiquetas convenientes que
se usan con fines de identificación. Pero esto
es, en el mejor de los casos, un uso subordinado de un nombre. En el "reino de los cielos"
cada nombre es una expresión significativa de
la esencia de los diversos miembros. Incluso
podemos ampliar esta idea. En un teísmo bíblico, cada miembro puede tener importancia
porque la membresía en un sistema teísta implica una relación con Dios. Por otra parte en
los "sistemas" antiteístas ningún nombre puede

ser más que una marca de identificación ya que no hay ningún sistema en el que pueda haber miembros. Incluso la marca de identificación es una importación teísta, ya que en un antiteísmo nativo no hay más que una pluralidad inconexa en la que nadie puede significar nada para nadie.

Ahora bien, dado que a través de la redención se restaura el teísmo, esperamos encontrar alguna indicación del significado de los nombres. El "nombre" de Cristo restaura el centro de unidad. Reconecta al hombre con Dios, que es el centro y la fuente de toda predicación significativa. De este modo, el hombre puede volver a tener un nombre real.

Una vez más, dado que en la dispensación del Antiguo Testamento tenemos una expresión más externalista del principio redentor que en el Nuevo Testamento, esperamos que en el Antiguo Testamento los nombres se cambien más a menudo a medida que se relacionan con el pacto de lo que será el caso en el Nuevo Testamento. Especialmente aquellos que ocupan un lugar de importancia estratégica en el proceso de redención recibirán nombres que se ajusten a su posición. Dichos nombres pueden darse en el momento en que los portadores son elevados a una posición más alta en la nación redimida, como en el caso de Jacob, quien es cambiado a Israel. Nuevamente, el nombre se puede dar cuando por primera vez a alguien se le da formalmente una posición de importancia, como cuando Abram y Saraí se cambian a Abraham y Sara. Nuevamente, tal nombre puede ser dado de acuerdo con la dirección de Dios al nacer o incluso antes del nacimiento, cómo fue el caso del nombre que estaba sobre todo nombre.

No es de extrañar entonces que el "nombre" sea de gran importancia. Los apóstoles hacen milagros en el nombre de Jesús y bautizan a los hombres en los nombres del Dios trino.

Pero si tal ha de ser el caso, el nombre de Jesús o el nombre de Dios debe ser más que "mi idea acerca de Dios". En consecuencia, encontramos que en las Escrituras Dios le dice a su pueblo cuál es su nombre y cómo quiere que lo usen. El nombre de Jehová no es dado a Dios por el pueblo sino por Dios a sí mismo.

El nombre de Dios representa su personalidad. Significa algo diferente para su pueblo que para aquellos que no son su pueblo. El nombre John, por ejemplo, puede significar mucho para su esposa, mientras que para un extraño significan poco o nada. De modo que el pueblo de Dios conoce el nombre de Jehová, porque son conocidos, es decir, amados por él. Dios ha revelado su propósito de gracia a su pueblo en su nombre. Jehová significa el que será fiel en cumplir sus promesas de redención para los suyos. Así, cuando Dios en Cristo se te ha revelado y has recibido la plena posesión de esta revelación, expresas todo esto llamándolo tu Dios del pacto, Jehová.

No es de extrañar entonces que el nombre de Jehová se convierta en motivo de discordia en un mundo de pecado. Los hombres obran por su honor o lo arrastrarán por el fango. Incluso ser "neutro" es imposible y pecaminoso, ya que expresa un desprecio altivo del amor misericordioso y condescendiente de Dios por medio del cual Él se reveló al pecador. No hay, porque no puede haber, por ejemplo, una erudición imparcial que investigue las afirmaciones de la revelación especial de Dios en las Escrituras, que es ni más ni menos que la explicación del nombre de Jehová.

4.2   Lo que se ordena

4.2.1   *Su pueblo debe conocer ese nombre o revelación*

Si el nombre Jehová significa la revelación del

misericordioso poder salvador de Dios a su pueblo, entonces se deduce que su pueblo debe tratar de conocer la plenitud de esa revelación en la medida que puedan comprenderlo. Todos los hombres tienen alguna revelación de Dios dentro de ellos, la voz de la conciencia, un anhelo de algo por encima de ellos, un temor de que sus pecados sean descubiertos. Pero el creyente ha tenido la catarata de oscuridad que está sobre sus ojos debido al pecado, quitado por el Espíritu Santo. En consecuencia, puede ver el verdadero carácter de la revelación general y más particularmente de la revelación especial que ha recibido. Sin embargo, hay mucho progreso por hacer. Para muchos de los que entraron en contacto salvador con Jesús mientras estuvo en la tierra, pasó mucho tiempo antes de que comprendieran cada vez más la profundidad de la redención por gracia que habían recibido.

Por lo tanto, el estudio privado de las Escrituras es una obligación sagrada para todo creyente. El descuido de esto resulta inevitablemente en pobreza espiritual. ¿Quién puede calcular hasta qué punto el fracaso del estudio privado y familiar de las Escrituras es responsable de que la iglesia esté invadida por el Modernismo? El modernismo, así como otros ismos, especialmente todo tipo de ocultismo como el Buchmanismo, florecen cuando las personas ignoran las Escrituras.

El individuo debe tener un conocimiento sistemático de la Escritura. La falta de ella lo convierte en presa fácil del russelismo, el mormonismo, etc. Muchas de estas sectas pretenden basar su sistema en las Escrituras y no encuentran ninguna dificultad en citar pasajes que suenan como si pudieran soportar la interpretación que se les ha dado. El russelita citará a Juan y dirá que Dios es amor por lo que no puede haber ningún castigo eterno. ¿Cómo se evitará que los creyentes se extravíen por todo tipo de caminos a menos que puedan interpretar las Escrituras con las Escrituras y así tener un concepto completo de los propósitos y la naturaleza de Dios? Ahora bien, los Catecismos pretenden dar precisamente ese conocimiento sistemático de la Escritura. Qué mejor protección para la iglesia contra todo tipo de herejías que una fiel enseñanza de los niños y jóvenes en los Catecismos de la iglesia. Por supuesto, una política consistente y la única política segura de instrucción cristiana incluye la provisión de una escuela diurna y una escuela secundaria cristianas, en las cuales solo se puede dar un conocimiento realmente sistemático de la revelación general y especial de Dios.

La responsabilidad colectiva del pueblo de Dios es tan grande como la responsabilidad individual en este asunto de conocer la revelación de Dios.

Como "el cuerpo de Cristo", la iglesia debe hacer provisión para el entrenamiento de los ministros. A la iglesia como institución se le confía la perpetuación de los oficios especiales de los ancianos docentes y gobernantes. Por lo tanto, deben proporcionarse seminarios teológicos. No es como si esta fuera una forma de sentido común de proporcionar únicamente la propagación de la verdad. Es esto pero es más. Es un deber sagrado de la iglesia establecer seminarios fieles a la revelación de Dios, ya sea que haya o no resultados visibles. Los que son fieles pueden dejar el futuro a Dios.

El plan de estudios de tales seminarios no se formará de acuerdo con caprichos educativos pasajeros, sino que se formará de acuerdo con los requisitos de la forma más eficaz de enseñar la Palabra. Naturalmente, los idiomas originales de las Escrituras formarán el primer número del programa. Sin un conocimiento práctico de ellos, uno no puede realmente interpretar la Escritura en el nombre y con la autoridad de Cristo.

Además, a la iglesia instituida se le da el encargo sagrado de dar a conocer la revelación de Dios hasta los confines de la tierra. Hoy en día se necesitan muchos misioneros bien capacitados, que puedan y quieran "trazar correctamente la Palabra de verdad". No es posible calcular los tristes resultados que ya tenemos entre nosotros por el fracaso de la iglesia en este sentido.

Pero la responsabilidad colectiva del pueblo de Dios no se agota cuando, como iglesia instituida, ha sido fiel en la enseñanza dentro y fuera del país. Como organismo, es decir, como un grupo de cristianos no concebidos ahora como iglesia, sino en sus relaciones más amplias, el pueblo de Dios debe procurar que el nombre de Dios sea honrado en todo el mundo en todos los aspectos de la actividad humana. La tierra es del Señor. La ciencia, el arte y la moral son del Señor. De ahí la obligación del pueblo cristiano de conocer y dar a conocer el nombre del Señor en estos campos. Con ese fin, buscarán establecer colegios y universidades verdaderamente cristianos, totalmente equipados con la mejor técnica para proclamar el nombre del Señor sobre "el universo estrellado arriba y la ley moral dentro". Podemos estar bastante seguros de que los seminarios ortodoxos por sí solos no pueden detener la ola de incredulidad. Su trabajo es de un carácter más especial y limitado. Para obtener una vida cristiana y una cosmovisión realmente efectivas, el estudiante promedio necesita más de un curso de seminario de tres años. No es justo esperar que nuestros ministros tengan una visión realmente comprensiva y realmente cristiana de las cosas a menos que se les ayude a relacionar todos sus intereses con el único concepto central del nombre de Dios.

4.2.2 *Debemos confesar el nombre de Jehová*

La confesión, en el sentido de dar a conocer el nombre de Jehová, sería la tarea profética original del hombre. El hombre estaría buscando la verdad al implicarse cada vez más profundamente en la revelación de Dios. Sobre esta base se habría realizado lo que ahora se presenta con tanta frecuencia como el verdadero esfuerzo de la ciencia, es decir, la búsqueda cooperativa y mutuamente apreciativa de la verdad.

Sin embargo, desde la entrada del pecado, la guerra ha entrado en el campo de los buscadores de la verdad. Se dividen al principio sobre la cuestión de dónde se puede encontrar la verdad. Un grupo dice que no se puede encontrar en Dios sino que se debe encontrar en el Universo tal como se revela en la mente del hombre. El otro grupo dice que esto haría que la búsqueda fuera inútil. La verdad debe estar fundada en Dios y desde la entrada del pecado en Dios a través de Cristo. La verdadera ciencia también debe ser mediatizada como vimos que debe ser la verdadera adoración.

Ahora, lo más fácil para el cristiano es bajar el tono de su principio justo en este punto. Aquí, si en alguna parte, la neutralidad parece ser posible. Por lo tanto, es el deber sagrado de la iglesia declarar la verdad de la Escritura sistemáticamente en forma de confesiones. Debe actualizar estas confesiones en el sentido de que a medida que se da a la iglesia una visión más profunda de la revelación de Dios en cumplimiento de la promesa del Espíritu, la iglesia debe dar expresión a esta visión más profunda.

Hay un eslogan que suena muy piadoso muy en evidencia en estos días. Ese eslogan es "No hay credos sino Cristo". Con este eslogan, un clero bien intencionado y autoengañado busca ganar nuevos conversos para Cristo en una era "científica". ¡Qué pobre servicio hace tal eslogan a Cristo! Aparte del hecho de que todo el mundo en realidad tiene algún tipo de credo, lo que reduce la consigna a la manifestación de un absurdo psicológico, nada podría ser menos fiel al espíritu de Cristo que contrastarlo con el credo. Él mismo buscó darnos un credo acerca de Dios y de sí mismo, a saber, que Él y el Padre con el Espíritu Santo son el único Dios absoluto y trino. La iglesia no ha hecho más que transmitir el credo que Cristo nos dio. Un credo puede, incluso en la naturaleza del caso, según el modo de pensar cristiano, no ser contrastado con la persona de Cristo. Un credo nunca es más que una declaración acerca de Cristo. Esta declaración puede ser verdadera o falsa para que los credos verdaderos y falsos puedan contrastarse, pero la declaración en sí no puede contrastarse con la persona.

En lugar de rendir un servicio a Cristo, el lema, "Ningún credo sino Cristo", juega en las manos de aquellos que niegan a Cristo. Fue el pecado de Eva decir que no había credo acerca de Dios. El diablo dijo que no. Dijo que el credo de Dios sobre sí mismo era cuestionable. Estaba abierto a apelación. ¿A quién? A su majestad, el hombre mismo. ¿Se alejó el hombre del credo al escuchar el archi-engañador? No, cambió de credo. Ahora creía en sí mismo en lugar de en Dios. Por esta razón, a Satanás le gusta cuestionar los credos acerca de Cristo. Le encanta la atmósfera brumosa de vaguedad y generalidad. Disfrazado de ángel de luz, les dice a los ministros "piadosos" que deben traer una persona y no un frío principio intelectual, como si pudieran traer a la persona de Cristo descuidando el credo de su divinidad. Si soy un hombre con dolor de muelas, debo saber si el hombre que me opera los dientes es un dentista o un plomero. En tales casos, no rehúyo el credo ni lo contraste con una persona. Lo conecto con la persona que debe salvarme. Por lo tanto, el credo tiene el significado más directo y práctico para mí.

Vemos que la tarea de la iglesia como instituto es declarar y también defender el credo. Hay de nuevo la actitud de paz a cualquier precio. Los ministros testifican que ellos mismos son ortodoxos, pero no mueven un dedo cuando otros ministros en la misma iglesia socavan la creencia misma en Cristo como Dios. Ahora, aparte de la consideración de que tal actitud se consideraría subversiva en cualquier organización comercial, es una gran deshonra para Cristo. Los que niegan las verdades del cristianismo no son tolerantes, llamar una cuestión de diferencia lo que los hombres creen es negar el significado de la creencia misma. No se puede creer sin un objeto en el que creer. Cualquier descuido acerca de las doctrinas de Cristo acerca de sí mismo o de Dios es *ipso facto* una negación de Cristo y Dios. Decir que crees en Cristo como hijo de Dios, y al mismo tiempo decir que los que no creen en él son tus hermanos todavía en el sentido cristiano del término es contradecirte a ti mismo. En el lenguaje ordinario, no dices que amas a tu esposa e hijos en el sentido de que no has hecho ningún esfuerzo para protegerlos del asesino que los mató. No dices que eres un verdadero soldado estadounidense cuando, mientras estabas en guerra, nunca moviste ni un dedo para proteger las barras y estrellas. La falta de defensa en tiempo de guerra es una traición a la patria. Ahora bien, la tarea del cristiano es una guerra. "No penséis que he venido a traer paz a la tierra..." En la medida en que el mal y el pecado están aquí, y en la medida en que Cristo salió con el propósito declarado de destruir las obras de las tinieblas, el cristiano debe luchar, muchas veces por el honor de Cristo. Tito 2:10, 1 Cor 11:19, Gal 5:19–20, 2 Pedro 2:1

El deber sagrado de la controversia está implícito en la tarea misma de dar testimonio encomendado a la Iglesia. Uno no puede testificar fielmente de Cristo si no testifica contra aquellos que se oponen a Cristo. Si el conocimiento del nombre de Cristo ha de avanzar, debe avanzar frente a los obstáculos. El "hombre natural" odia las cosas de Dios y buscará oponerse a ellas. Sólo frente a la oposición puede avanzar el cristianismo. Encontrará oposición en todas partes. Entonces, ¿cómo puede un discípulo fiel de Cristo esperar testificar de Cristo en cualquier lugar sin testificar en contra de la oposición a Cristo?

En consonancia con lo anterior, podemos observar que el predicador no debe disculparse por presentar su mensaje. Más bien debería hablar con autoridad. No habla sus propias palabras, sino las palabras de Cristo, y las palabras de Cristo nunca pueden ser traídas a los hombres de otra manera que no sea con autoridad. El predicador no vende acciones y bonos que puedan redimirse por encima de la tasa en el banco del cielo algún día. Tampoco está aconsejando a la gente que se interese por esto junto con otras cosas. Por el contrario, trae las demandas de Dios sobre el hombre. El juicio siempre debe ser el trasfondo, incluso cuando usa para su texto las palabras de Jesús: "Venid a mí todos los que estáis trabajados y cargados, y yo os haré descansar". Jesús ofreció descanso pero también dijo que aquellos que no aceptaran su descanso serían arrojados a las tinieblas de afuera.

Aplicando aún más las demandas de Cristo de que debemos confesar su nombre ante los hombres, podemos considerar el asunto de la disciplina doctrinal en la congregación local. Se está volviendo demasiado común en la iglesia, esta costumbre de sesiones que permite a todos y cada uno ser miembros de la iglesia, ya sea que den una seguridad razonable de estar de acuerdo con las normas de la iglesia o no. Tal cosa es indigna de cualquier organización humana, convertirse en ciudadano de América presupone al menos cierto conocimiento de la constitución de este país. Mucho más entonces es un deber sagrado de aquellos a quienes se les han confiado las llaves del reino de los cielos que estén razonablemente seguros de que aquellos que buscan ser miembros plenos de ese reino saben algo acerca del amor y la constitución que gobierna a sus ciudadanos. La falta de fidelidad acarrea, además, consecuencias desastrosas; pronto los miembros admitidos por ningún estándar en absoluto pueden ser elegidos como ancianos de la iglesia. Entonces, ¿qué puede impedir la presentación de un evangelio pagano en lugar de un evangelio cristiano en el púlpito?

Finalmente podemos notar que así como fue el caso de conocer la revelación de Dios así también es el caso de confesar el nombre de Dios, el deber de los cristianos no se cumple si como iglesia instituida de Cristo son fieles en todos los asuntos enumerados. El pueblo de Dios tiene además de esto el deber de actuar en campos más amplios que los que cubre la iglesia instituida. El mundo propaga la mentira, instigado por el príncipe de la mentira, por las vías de la ciencia y el arte. En consecuencia, los cristianos no pueden limitar su propaganda por la verdad a la palabra de la iglesia. Los cristianos deben necesariamente entrar en el campo de la ciencia, si es posible, deben formar cristianos físicos, biólogos, etc. Dichos científicos deben investigar e interpretar la naturaleza como la obra de Dios, sin temer nunca la muy alabada farsa de la "neutralidad". Así también los cristianos deben entrar en el campo del arte para reclamarlo para Cristo. El daño hecho a la causa de Cristo por las novelas y la literatura no cristiana en general es incalculable. Un diario cristiano puede ser un ideal imposible de realizar en la actualidad, pero no obstante es un ideal genuino.

4.3 Lo que está prohibido

Lo que está prohibido es, naturalmente, un descuido o una abierta oposición a la revelación de Dios. Podríamos omitir una discusión completa de este punto, simplemente señalando que el descuido y la oposición a la revelación de Dios se revelarán naturalmente en el descuido y la oposición a cualquier intento de conocer y confesar el nombre de Jehová. Ya hemos sugerido varias formas de transgresión para dejar en claro lo que se ordenó. Sin embargo, puede ser útil enumerar algunas formas más específicas del espíritu general de oposición a la revelación de Dios.

Como el primero de estos mencionamos nuevamente las naciones paganas, su "búsqueda de la verdad" no es algo tan inocente como a menudo se presenta. El paganismo es una desviación de un teísmo original o el teísmo mismo no es cierto. El paganismo es antiteísta, si busca la verdad, la busca en el universo aparte de Dios.

En segundo lugar, podemos mencionar cada movimiento de pensamiento que aparece en medio de una civilización "cristiana" y, sin embargo, no figura realmente con la revelación de Dios. Por supuesto, todo el pensamiento civilizado ha especulado en cierto sentido sobre el fenómeno del cristianismo. Pero la implicación de la cruz de Cristo es que el núcleo mismo de la personalidad humana está corrupto. Por lo tanto, si el cristianismo se toma en serio, todos aquellos que lo aceptan deben entregar "sus pensamientos cautivos a la obediencia de Cristo". Por lo tanto, una ciencia o filosofía que busca interpretar la naturaleza de la realidad con total independencia de las Escrituras es *ipso facto* anticristiana. No como si le pidiéramos a Einstein que fuera directamente a la Biblia. Se ocupa obviamente de los hechos de la naturaleza. Pero cuando concluye a partir de los hechos de la naturaleza que no puede haber un Dios absoluto, no sólo es anticristiano sino también anticientífico. Él ha asumido la existencia independiente de los "hechos" desde el principio y por lo tanto asumido la inexistencia de Dios. A partir de entonces, fue innecesario e imposible probar algo acerca de Dios. Así encontramos que el llamado enfoque "neutro" en ciencia o filosofía es en realidad un enfoque negativo en lo que se refiere a la revelación de Dios y como tal está condenado por el tercer mandamiento.

Llegamos ahora a algunas formas más específicas del descuido de la revelación. De estos tenemos varias formas de ocultismo. Sin embargo, no siempre es fácil distinguir la frontera entre la ciencia y el ocultismo. Así, en el caso de la telepatía, el hipnotismo y la clarividencia no hay necesariamente una evasión o un desafío a la revelación de Dios. Mientras sean operados por un agudo control humano sobre los poderes de la naturaleza y por un motivo digno, pueden ser perfectamente legítimos.

El espiritismo presenta un fenómeno más difícil de explicar. Incluso si permitimos mucho por el fraude, y más por un mayor control de los poderes de la naturaleza, sigue siendo difícil excluir los poderes del mal como fuente de explicación. Como cristianos creemos en la existencia real del diablo. Creemos además que tiene un gran ingenio. Nuestro gran consuelo con respecto a Satanás es que está completamente bajo el control de Dios. Por lo tanto, si obedecemos la revelación de Dios, no debemos temer a ningún diablo.

Debe observarse que incluso si el poder satánico no está realmente operativo a través de un médium particular, el médium mismo afirma comunicarse con el "otro mundo". Además, aquellos que acuden a la médium esperan obtener a través de ella una revelación del otro mundo. Estas consideraciones son suficientes en sí mismas para que los cristianos eviten el espiritismo. Para el cristiano debería ser una abominación incluso intentar ir a otra parte que no sea a Dios por la sabiduría que necesita. Si va a otra parte, ha reducido a Dios al nivel de un mago. "¡A la ley y al testimonio! Si no dijeren conforme a esto, es porque no les ha amanecido." (Isaías 8:20 RVR1960).

En la Teosofía, una falsa filosofía antiteísta se combina con el ocultismo para desviar al pueblo de Dios. En 1877, Henry Olcott y Madame Blavatsky publicaron "*The Isis Unveiled*". Ahora Madame Blavatsky había viajado al Tíbet donde había estado en contacto con los sabios de Oriente. Esto sin duda explica el panteísmo ateo de la Teosofía. El panteísmo de los Vedas es evidente en su doctrina de Brahma. Brahma es el principio eterno de todo ser. Ahora bien, el alma humana es en lo más profundo idéntica a este Brahma, y por lo tanto es divina. De manera similar, la doctrina teosófica de Dios es la de un principio impersonal del que se habla con el pronombre neutro 'eso'. El mundo es un soplo de este eso, y el hombre, como parte del mundo, da vueltas con él en el camino de la rarefacción y la condensación desde y hacia el 'eso'. No es de extrañar que sobre esa base no se necesite una revelación salvadora de Dios. No es la existencia del mal sino el mal de la existencia lo que preocupa al místico oriental.

No es de extrañar que estos cultos orientales estén encontrando una fácil entrada en las tierras occidentales, encuentran el suelo preparado para ellos. Radhakrishman, en su libro, *The Reign of Religion in Contemporary Philosophy*, señala que la filosofía idealista es muy similar a las filosofías orientales, ambas mantienen la autosuficiencia del hombre, ninguna de las dos necesitan revelación, no es una extraña sociedad de teosofía lo que la iglesia debería temer, tanto como el espíritu teosófico del modernismo dentro de la iglesia, el enemigo está puertas adentro.

El uso de la suerte presenta nuevamente un problema diferente. El mundo realmente no puede hablar de usar la suerte, un individuo descuidado puede tomar alguna decisión importante fijando una determinada señal. Cuando hace esto, está apelando a algún destino o casualidad. Cuando sea más científico, puede usar la ley de los promedios como lo hacen las compañías de seguros de vida. Ahora bien, tal uso sería perfectamente legítimo si se reconociera que no son más que caminos de la providencia de Dios, pero cuando esto se olvida como cuando alguna computadora nos dice cuántos seres humanos pueden nacer según la ley de las probabilidades, tal uso se vuelve antiteísta.

Pero, ¿qué en cuanto al uso cristiano de la suerte? Objeciones por las que parece que la primera condición de todo uso correcto de la suerte sería el reconocimiento de la verdad: "La suerte se echa en el regazo; Mas de Jehová es la decisión de ella." (Pr 16:33). Este es el reconocimiento de la providencia de Dios. Ahora bien, tal reconocimiento pone de inmediato a Dios en lugar del azar. En consecuencia, parece que también disminuye la ocasión de utilizar la suerte, una confianza genuina en la providencia de Dios normalmente es suficiente para el cristiano.

Luego, la vida del cristiano debe ser guiada más directamente por la revelación especial de Dios. Esta revelación especial contiene principios de guía. Son estos principios los que el cristiano debe tratar de entender. Por lo general, una comprensión clara de estos principios evitará muchas perplejidades. Por lo general, tenemos dudas sobre qué hacer, no porque no haya una guía, sino porque no la hemos observado. Entonces, si en tal caso buscáramos una dispensación personal de la revelación de Dios, estaríamos deshonrando a Dios, y no podríamos esperar respuesta.

Cabe señalar además que, como cristianos, tenemos la revelación especial completa de Dios. En consecuencia, encontramos que dos formas del uso de la suerte que eran comunes en la dispensación del Antiguo Testamento no se mencionan en el Nuevo Testamento. El primero es el terreno de la predicción (*Sors divinatoria*). El Urim y el Tumim se usaban con frecuencia, y legítimamente, para determinar cuál sería el resultado de un curso de acción. Nm. 27:21, Ex 28:30 El segundo es la suerte de la consulta (*Sors consultatoria*, Jos. 7, el caso de Acán o Lev. 16:8, los dos machos cabríos). Estas dos formas de usar la suerte los moralistas cristianos las suelen considerar como propias de la dispensación de las sombras o dadas por razones pedagógicas.

Queda entonces la suerte de división (*Sors divisoria*) utilizada en el Antiguo Testamento en la división de Canaán. Esta forma, si se usa sobre la base del reconocimiento de la providencia de Dios y después de que los principios de la revelación de Dios hayan sido consultados en oración, puede ser utilizada por los cristianos según la mayoría de los moralistas cristianos. Es entonces una oración muy seria por un testimonio de Dios con respecto a las posibles alternativas para establecer una diferencia de juicio.

Generalmente se considera que el juramento es la principal forma de transgresión del tercer mandamiento. La blasfemia de la calle es, por supuesto, un mal uso de la naturaleza de Jehová, reduce ese nombre tan lleno de santidad a una palabrota vacía. Así también cualquier uso alegre del nombre deshonra a Dios.

Pero ahora surge la pregunta de si los cristianos pueden alguna vez usar el nombre de Dios para así testificar de la veracidad de sus declaraciones. Muchos han dicho que esto es ilegal *per se*. Para determinar si esta afirmación es bíblica, primero debemos discutir qué significa exactamente el juramento.

Ahora bien, el juramento es el intento del hombre de traer sus declaraciones a la presencia inmediata de Dios para probar su verdad. Mientras no hubiera pecado en el mundo no había ocasión de usar el juramento. Adán estaba constantemente consciente de la presencia inmediata de Dios. Pero a causa del pecado el hombre piensa en Dios como algo lejano. Al pecador le parece que trata con Dios sólo en ocasiones especiales. Por lo tanto, si existe una necesidad especial de veracidad, el hombre se coloca justo ante el juicio de Dios, admitiendo que el castigo amenazado por Dios puede descender sobre él con justicia si no ha dicho la verdad.

Ahora encontramos que Dios mismo se ha dignado a las necesidades del pecador hasta el punto de usar el juramento. Este juramento de Jehová aseguró doblemente que las promesas de Dios se cumplirían. "Y dijo: Por mí mismo he jurado, dice el Señor, que por cuanto has hecho esto y no me has rehusado tu hijo, tu único hijo…" (Gen 22:6) En Hebreos 6:17 se hace una referencia a esto para decirnos que Jehová utilizó a propósito el juramento para establecer su pacto. El Apóstol compara este acto de Dios con actos similares de los hombres. [1] Sal 95:11, Sal 110:4

En consecuencia, no nos sorprende encontrar que Jesús mismo hizo juramento en esa importante ocasión cuando compareció ante el tribunal de Pilato. No usó el formulario que se usa hoy, pero usó el formulario actual en ese momento. Los Apóstoles siguieron en esta práctica. "Lo que ahora escribo, he aquí, doy fe de Dios que no miento" (Gal 1:20). Incluso encontramos que Dios ordenó en ocasiones usar el juramento. "A Jehová tu Dios temerás, y le servirás, y por su nombre jurarás" (Dt. 6:1). "Entonces el juramento del Señor será entre ambos" (Ex. 22:11).

Pero aquellos que sostienen que ningún cristiano puede usar el juramento en ningún momento apelan directamente a las palabras de Cristo: "No juren nada" (Mt 5:36). Pero estas palabras no podrían muy bien significar un mandato ilimitado a menos que estuviéra-

---

1. Cf. además, por ejemplo, el Salmo 95:11, "A los que juré en mi ira que no entrarían en mi descanso" y el Salmo 110:4, "El Señor ha jurado y no se arrepentirá y el Salmo 110:4, "El Señor ha jurado y no se arrepiente: Tú eres sacerdote para siempre...".

mos dispuestos a sostener que Cristo mismo no cumplió con este mandato cuando juró ante Pilato. Por los datos bíblicos aducidos será necesario investigar si las palabras de Jesús deben necesariamente ser tomadas en un sentido ilimitado. Encontramos que pueden y deben tomarse en un sentido limitado. Jesús se opuso y prohibió los juramentos antiteístas y nada más. Los fariseos tenían miedo de usar el nombre Jehová en el sentido genuinamente teísta, pero trataron de encontrar un ámbito de cosas humanas por el cual pudieran jurar libremente, sin involucrar el nombre de Dios en absoluto. Como si todo juramento por cualquier criatura de Dios no fuera también, aunque indirectamente, un juramento por Dios mismo. Por lo tanto, Jesús les dice que no juren en absoluto por ninguna criatura cuando piensan que tal juramento no involucra a Dios. En consecuencia, las palabras de Jesús no están dirigidas contra aquellos que juran con un propósito serio apelando directamente a Dios.

Si entonces se establece la legitimidad del juramento debemos preguntarnos sobre su uso.

¿Quién debe administrar el juramento? Nos hemos acostumbrado a la idea de que el gobierno tiene derecho a administrar el juramento.

Ahora bien, la razón que se sugiere de inmediato para la alta posición del gobierno es que es en asuntos de gobierno donde se requiere la verdad más solemne. Sin embargo, debe buscarse una razón adicional y más profunda. El gobierno ha sido instituido por Dios. Se requiere obediencia al gobierno del cristiano porque el gobierno es el siervo de Dios. Por supuesto, cuando el propio gobierno es ateo reduce su privilegio a un sacrilegio y un absurdo.

¿Quién puede prestar juramento? Por la naturaleza del caso, un niño o cualquier persona irresponsable no pueden prestar juramento. Pero incluso un cristiano responsable debe estar seguro de que es veraz no sólo en el propósito (veritas in mente), sino también veraz en los hechos. Además, el asunto sobre el que jura debe ser justo (justitia in objecto). Ahora bien, cuando estos tres están presentes, (a) capacidad, o judicium in jurante, (b) veritas in mente, y (c) justitia in objecto, el juramento no puede fallar. Pero todavía podemos estar equivocados a pesar de las más cuidadosas precauciones. En tales casos debemos aferrarnos a nuestro juramento a menos que tal aferramiento a nuestro juramento comprometa el honor de Dios.

Llegamos ahora al tema relacionado de la Imprecación. En el habla común el juramento no se usa exclusivamente para el testimonio de la verdad sino también como una expresión de odio hacia los enemigos. Ahora bien, no hace falta decir que tal imprecación es antiteísta. Los hombres a menudo apelan a fuerzas fuera de Dios. Si realmente apelaban a Dios, también tendrían mucho cuidado en cómo lo apelaban. La pregunta ahora es si alguna vez está permitido o es un deber para un cristiano apelar a Dios para la destrucción de su enemigo. Podemos decir de inmediato que no está permitido a menos que sea un deber, Si la imprecación es mala en todos los casos, el cristiano no puede permitirse en ningún momento el privilegio de no ser cristiano, para el verdadero cristiano no es ningún privilegio ser no cristiano en ningún sentido.

El creyente modernista y el ortodoxo dan respuestas opuestas a la pregunta de si la imprecación puede ser en algún momento un deber para el cristiano. El modernista dice que no y el creyente ortodoxo dice que sí.

El modernista apela a la vez a las palabras de Jesús de que debemos amar a nuestros enemigos y apela aún más a la "conciencia cristiana", que nos prohíbe odiar a alguien, por lo tanto, él hace su caso con bastante facilidad, al parecer.

El creyente ortodoxo está inmediatamente bajo sospecha de no tener verdadero amor ni verdadero espíritu cristiano en su corazón si mantiene el posible deber de la imprecación. Su "conciencia" es modernista, no realmente cristiana. Pero esto inmediatamente trae a colación la pregunta ¿De quién es realmente la "conciencia cristiana"?, la del creyente modernista o la del creyente ortodoxo. Ahora bien, la "conciencia cristiana" modernista en ningún momento duda en modificar el Antiguo Testamento, ni siquiera las palabras de los Apóstoles, ni, si lo considera necesario, las palabras de Cristo. En consecuencia, no considera que el mal y el pecado sean tan grandes que requieran un poder realmente autoritario para su eliminación. La experiencia se toma como punto de partida y de prueba de toda verdad. Pero con esta actitud, el modernismo ha perdido el nombre de cristiano, ya que Cristo y los Apóstoles reclaman claramente la autoridad absoluta. Con esta posición, el modernismo también ha abandonado el teísmo, ya que el teísmo implica el control absoluto de Dios sobre el mal, control que desaparece si el cristianismo no es absoluto.

Como creyentes cristianos, no nos disculpamos por tomar tanto el Antiguo como el Nuevo Testamento como autoridad en el asunto. Especialmente en este punto es necesario mantener la armonía esencial de su enseñanza. Hay cierta plausibilidad en el argumento de que el Antiguo Testamento aprobaba la imprecación mientras que el Nuevo Testamento definitivamente la excluye. Las palabras de Jesús en el Sermón del monte parecen ser contrastadas por él con el Antiguo Testamento. Sin embargo, este no es el caso. Jesús en ninguna parte contradice el Espíritu del Antiguo Testamento, Él sólo deja de lado a aquellos que han malinterpretado el Antiguo Testamento. Jesús, por supuesto, permite una diferencia de dispensaciones. Incluso sostiene que Dios ha atenuado temporalmente el carácter absoluto de sus demandas por causa de la dureza de corazón de los creyentes del Antiguo Testamento. Pero todo esto no afecta en lo más mínimo la unidad de principio entre los dos testamentos. Además, puede haber una gran diferencia en la forma de manifestación por parte de la experiencia del creyente. Debido al externalismo de la dispensación anterior, Dios puede requerir de su pueblo que maten a

los enemigos del Señor. Debido al mayor in-
ternalismo de la dispensación del Nuevo Testamento, Dios no ordenará tal cosa. Matar a un
enemigo de Dios, suponiendo que un cristiano
supiera quién es el verdadero enemigo de Dios,
sería un pecado en la presente dispensación.
Pero, de nuevo, todo esto no afecta en lo más
mínimo la unidad de principios entre los dos
Testamentos. O cuál es el mayor mal que puede
acontecer a un enemigo de Dios, ser asesinado
corporalmente o ser arrojado a las tinieblas eternas de las que Jesús habla tanto. Jesús nos dice
una y otra vez que aquellos que no aman a Dios
serán cortados de la tierra de la vida eterna. Luego se identifica con Dios y dice que aquellos
que no lo desean como rey no han amado a
Dios y por lo tanto serán separados de Dios.
Ahora espera que los suyos amen a Dios y a él,
con todo su corazón. Y si lo hacen, deben tener
la misma actitud hacia los malvados que Dios y
Cristo tienen hacia los malvados. Por lo tanto,
encontramos que sólo los más espirituales de
los hijos de Dios, los más profundamente lle-
nos del amor de Dios, se han atrevido a imitar
a Dios y a Cristo plenamente al pronunciar el
odio contra los enemigos de Dios. "¿No he de

odiar a los que te odian?" La falta de verdadera espiritualidad es lo que no puede comprender el elemento imprecatorio en las Escrituras. La hiperespiritualidad del modernismo es un buen ejemplo de la flacidez espiritual de la época. El modernismo es tan amoroso que amaría al mismísimo diablo. El modernismo ha amado tanto al diablo hasta eliminarlo. No puede haber, piensa, nadie tan malo; el "diablo" no es más que un símbolo del mal.

En el hecho de este hiper-espiritualismo, es fácil para los cristianos bajar el tono de su demanda de espiritualidad. "Entonces dije: No haré mención de él, ni hablaré más en su nombre". Tal fue la tentación de Jeremías. "Pero su palabra estaba en mi corazón como un fuego ardiente encerrado en mis huesos y me cansé de sufrir, y no pude detenerme" (Jeremías 20:9), Tal fue la victoria del profeta. Cristo y sus profetas y apóstoles están de acuerdo en decir que el reino de Dios no puede establecerse a menos que el enemigo sea destruido, durante la dispensación del Antiguo Testamento, el Señor había separado a su pueblo externamente para que su pueblo supiera directamente quiénes eran los enemigos del Señor. Hoy este no es

definitivamente el caso, pero el principio de
que el día del juicio es un día de alegría para el
pueblo de Dios permanece sin cambios.[2]

---

2. Historia de Noé, Gn 5:25. Josué contra Acán, Jos
    7:25, Sal 5:10, Sal 144:5-6, Sal 69, Sal 109; Los ayes
    de Cristo. Pablo contra Elimas, (Hechos 13:10-11);
    "Si alguno no ama al Señor Jesucristo, que sea ana-
    tema" (1 Cor 16:22); "Ojalá fueran cortados los que
    os molestan" (Gal 5:12).

5

EL CUARTO MANDAMIENTO: EL DÍA DE REPOSO

5.1 Observaciones

Los MANDAMIENTOS CUARTO y quinto tienen un carácter ético-religioso y como tales forman una transición entre la primera y la segunda tablas de la ley. El día de reposo y la obediencia de los padres son de gran importancia para la verdadera religión y también para la verdadera moralidad.

En segundo lugar encontramos que el cuarto mandamiento es el único que no encuentra al menos alguna respuesta espontánea en el corazón del pecador. Encontramos muy pocos rastros de una semana de siete días entre los pueblos fuera del ámbito de la revelación especial. Los babilonios y los asirios tenían una semana de siete días, pero es significativo que el "*Sabatu*" de los babilonios fuera considerado un "*dies ater*", es decir, un día negro. Es cierto que el día se llama "*um nuh libbi*", es decir, un día de descanso para el corazón, pero Delitzsch lo había interpretado como una referencia a los dioses, es decir, era un día en el que los corazones de los dioses tenían que descansar. Por medio del sacrificio.

Es esta circunstancia la que ha llevado a muchos intérpretes a encontrar en el día de reposo exclusivamente una ordenanza de la teocracia y no una ordenanza para la humanidad en general. Por lo tanto, es importante examinar en primer lugar este asunto del origen del día de reposo. Incluso si nos limitamos al domingo cristiano, la cuestión del origen sigue siendo importante, ya que es parte de la cuestión más amplia de si el cristianismo está introduciendo algo completamente nuevo o está restaurando una ordenanza de la creación.

Algunos han sostenido que el día de reposo se instituyó por primera vez en el desierto de Sin (Ex 16:22–30). Pero toda la historia, tal como se relata aquí, presupone un conocimiento del día de reposo. "Hasta cuándo rehusáis guardar mis mandamientos y mis leyes." Éx. 28 Esto apunta a una ordenanza anteriormente conocida. En segundo lugar, la gente parece recoger una doble porción del maná sin que se les diga. En tercer lugar, cuando algunos deseaan buscar maná en el día de reposo, Moisés se enfada con ellos porque insinúa que deberían haberlo hecho mejor. Así, el conocimiento del día de reposo es mucho más antiguo que las ordenanzas específicas dadas para el día de reposo judío.

De acuerdo con esto, podemos mencionar además (a) el hecho mencionado anteriormente de que los babilonios ya tenían un día de reposo mucho antes del exilio, (b) la evidencia positiva que se encuentra en Ex 20:8, "Acordaos", pero especialmente en Ex 20:11, "Porque en seis días hizo Jehová los cielos y la tierra." Esta última afirmación parece apuntar a Génesis 2:3-4, "y en el séptimo día Dios terminó la obra que tenía hizo y descansó el séptimo día de toda la obra que había hecho. Y bendijo Dios al día séptimo y lo santificó, porque en él reposó de toda la obra que había creado y hecho" (Gn 2, 3-4). En Ex 31:17 incluso dice que Dios "reposó" (Ex 31:17).

5.2 Lo que se ordena

5.2.1 *El reposo de la creación*

Entonces, si el reposo es una ordenanza de la creación, esto en sí mismo arroja luz sobre el modo de observancia del día de reposo. El hombre como criatura debe imitar a Dios su creador. Esa es una regla general y se aplica también al reposo. Dios mismo no cesó de obrar del todo,[1] sino de la obra específica de la creación. Se volvió hacia el disfrute y la bendición de lo que había creado.

Si esto siempre se hubiera observado cuidadosamente, se podrían haber evitado dos extremos. Está el extremo del legalismo que sobreestima lo externo, haciendo de él un fin en lugar de un medio. Contra este extremo legalista, es bueno recordar que el hombre, debido a que consiste en cuerpo y alma, está llamado a dar expresión externa a su religión, sin duda, pero que la relación interna del hombre con Dios es siempre la más importante. La tentación hacia el legalismo siempre ha sido grande ya que el pecador atribuye falsos motivos a sus propios actos. Piensa con demasiada facilidad que si sólo ha hecho lo que externamente parece

---

1. "Y Jesús les respondió: Mi Padre hasta ahora trabaja, y yo trabajo" (Juan 5:17, RVR1960).

ser lo correcto, la relación interna es de menor importancia. Por otro lado, está el extremo de un hiperespiritualismo que deprecia por completo el valor de lo externo. Este hiperespiritualismo piensa que tiene la autoridad de Pablo de su lado cuando sostiene que todos los días son iguales y que solo necesitamos celebrar el reposo en nuestros corazones. La tentación hacia este hiperespiritualismo es mayor ahora que nunca, ya que una civilización superior pero no cristiana siempre cambia la cualidad ética de la espiritualidad por el estado metafísico superior del espíritu sobre la materia. El modernismo aquí, como en otros lugares, ha adoptado el principio pagano en lugar del cristiano y ha sustituido un estatus metafísico superior por un contraste ético.

Originalmente no había razón para tales extremos. El hombre de Dios era equilibrado. Como profeta vio y enfatizó lo interno, como sacerdote trabajó y enfatizó lo externo y como rey mantuvo los dos en equilibrio. Desde la entrada del pecado los hombres tratan de ser profetas o sacerdotes y por lo tanto no logran ser ninguno de los dos.

5.2.2 El reposo redentor

Ya hemos visto que para una comprensión correcta del día de reposo debemos verlo ante todo como una ordenanza de la creación. Eso es fundamental. La redención busca restaurar la creación. Por lo tanto, ninguna ordenanza de redención puede entenderse correctamente a menos que esté relacionada con su ordenanza de creación equivalente. Por otro lado, la redención también es suplementaria a la creación. Por lo tanto, es muy posible que haya un énfasis especial en el significado redentor de varias ordenanzas dadas por Dios. Ahora bien, en las razones dadas a Israel por las que se debe observar el día de reposo se hace mención no sólo de imitar el ejemplo de Dios (ordenanza de la creación) sino también de la liberación de Israel de la casa de esclavitud de Egipto. "Y te acordarás que fuiste siervo en la tierra de Egipto y que Jehová tu Dios te sacó de allá con mano fuerte y brazo extendido, por lo cual Jehová tu Dios te ha mandado que guardes el día de reposo" (Dt. 5: 15). Esto introduce el elemento redentor en la medida en que la liberación de Egipto es la primera expresión típica completa de todo el proceso redentor del hombre. Como consecuencia, la verdadera observancia del día

de reposo siempre estará matizada por refer-
encias a la obra redentora tal como se centra
en Cristo. En consecuencia, sólo aquellos que
están en Cristo, es decir, los creyentes de la Antigua y de la Nueva dispensación, pueden realmente observar la ordenanza de la creación de
Dios. Aquí, como en todas partes, el verdadero
cristianismo es teísmo hecho realidad. Para que
el hombre imite verdaderamente a Dios, debe
estar en contacto vivo con Dios. Así, el pecador
debe volverse reflexivamente al Paraíso pasado
y prolépticamente al Paraíso recuperado para
ver cómo debe celebrarse el día de reposo. Y
esto el pecador puede y hará sólo si está unido
a Cristo. Por lo tanto, el día de reposo también
se llama una señal entre Jehová y su pueblo. Su
pueblo debe observar el día de reposo "por pacto perpetuo" (Ex 31:16).

5.2.3   *El día de reposo judío*

Habiendo estudiado primero el día de reposo
como una ordenanza de la creación y luego
conectándolo con el principio redentor en general, pasamos ahora a las diversas formas de
observancia del día de reposo. Esperamos que
haya etapas en la forma de la observancia del
día de reposo porque hay etapas en la forma del

principio redentor mismo. Además, también esperamos que, dado que Cristo mismo es el centro de todo el proceso redentor, los cambios en el modo de observar el día de reposo se llevarán a cabo de acuerdo con los cambios en la revelación de Cristo de sí mismo a su pueblo.

En cuanto al día de reposo judío, en consecuencia, esperamos que haya un fuerte énfasis en la observancia externa de las ordenanzas del día de reposo. Había muchas ordenanzas en cuanto a cómo se debía observar el día de reposo. Ahora bien, este énfasis en lo externo no es, como hemos visto, opuesto a las ordenanzas de la creación como tal, pero hay mucho más énfasis en lo externo en este estado temprano de redención que en la ordenanza de la creación. La razón de esto es sin duda pedagógica. La redención entró primero en un momento en que la raza humana en la presunción de la juventud se había rebelado contra su Creador. Por lo tanto, había que domarlo con brida y freno. El poder del discernimiento espiritual, incluso cuando existía en principio, era una revelación pequeña y objetiva que se ajustaba en consecuencia.

En consonancia con un énfasis en lo externo encontramos un énfasis igual en lo negativo. Los padres suelen decir "no" a los niños, en lugar de que hacer ya que la perversidad de un niño se manifiesta directamente en una dirección destructiva.

En consecuencia, hubo un peligro muy grande para el legalismo en esta etapa temprana. Moisés les dice a los hijos de Israel que no vieron el final de las transacciones religiosas en las que estaban involucrados. Es decir, no comprendieron que la sangre de toros y machos cabríos no tenía el menor valor en sí misma, sino que solo apuntaba a la sangre del Calvario. Sin embargo, la gente persistió en pensar que si tan solo vivían de acuerdo con las ordenanzas de la teocracia y, en este caso, con las ordenanzas con respecto al día de reposo en un sentido externo, todo estaría bien. Cuando este proceso continuo y la gente, en lugar de obtener una visión espiritual más profunda con el paso del tiempo, fijó sus ojos cada vez más en lo externo, surgió ese extraño conglomerado de seriedad moral y equívoco espiritual que llamamos fariseísmo.

Finalmente, hay un punto de importancia específica que debe notarse con respecto al día de reposo judío. A menudo se presenta únicamente como típico del día de reposo del Nuevo Testamento. Sin embargo, este no es el caso. El período del Antiguo Testamento es una subdivisión de toda la historia de la redención. En consecuencia, las características comunes de toda la historia de la redención se expresan aquí. Ahora bien, es una característica común de todo el día de reposo redentor que recuerda el día de reposo del Paraíso perdido y también que es profético del Paraíso recuperado. Concluimos entonces que el día de reposo judío presagia aunque sea indirectamente el día de reposo eterno que permanece para todo "el pueblo de Dios". La diferencia entre el día de reposo del Antiguo y del Nuevo Testamento en este sentido es que el día de reposo del Antiguo Testamento prefigura tanto el Nuevo Testamento como el reposo eterno, mientras que el día de reposo del Nuevo Testamento prefigura solo el reposo eterno. Además el elemento tipológico, por ser más abundante y por aparecer en una etapa anterior de la revelación se expresaba más externamente. Y encontraremos que estos principios son de importancia para la determinación del significado del día de reposo del Nuevo Testamento también.

5.2.4   Jesús y el día de reposo

Ya hemos observado que, dado que Cristo es el centro de todo el proceso redentor, el modo de observar el día de reposo estará naturalmente determinado por sus obras y por sus palabras.

Dado que Cristo asumió la verdadera naturaleza humana, también observó el día de reposo como una ordenanza de la creación. Además, dado que, según la carne, nació de la nación judía, observó el día de reposo judío. Sin embargo, buscó restaurar y desarrollar un entendimiento espiritual en medio de la dispensación externa del Antiguo Testamento contra los fariseos, por tanto, sostuvo que el día de reposo era para el hombre y no el hombre para el día de reposo.

Mientras tanto, llevaba consigo la conciencia de su lugar único con respecto al día de reposo, así como de su lugar único con respecto a todas las ordenanzas redentoras. Sabía que su obra terminada iba a marcar el comienzo de una nueva era en la historia de la redención y, por lo tanto, en el modo de observar el día de reposo. En consecuencia, comenzó a dar vislumbres de este su lugar único con respecto al día de reposo. Jesús hizo muchas curaciones en día de reposo. A veces parece ofender innecesariamente a los fariseos. No se puede decir que en el caso de todas las curaciones del día de reposo realizadas por Jesús no podían esperar hasta el día siguiente. No es la prioridad del hombre con respecto al día de reposo, sino la superioridad del Hijo del hombre con respecto al día de reposo, para explicar tales curaciones que podrían haber esperado fácilmente un día. "El Hijo del Hombre es Señor también del día de reposo." Mt. 12:8, Mc. 2:28, Lc. 6:5

Jesús, ciertamente, no dio instrucciones para un cambio con respecto al día a observar. Pero esto tiene poca importancia. Jesús no dio instrucciones sobre muchas cosas que, sin embargo, quería que hicieran sus seguidores. Es el hecho de su obra terminada lo que tiene importancia. En cuanto a la instrucción sobre el significado de los hechos que debía dar el Espíritu Santo prometido por Cristo a su iglesia.

5.2.5 El *día de reposo cristiano*

Con la resurrección de Cristo, Él y con él su pueblo entran en la realidad del reposo prefigurado en el Antiguo Testamento. No como si la plenitud del grado de ese descanso ya se hubiera introducido, eso no será hasta después del día del juicio. Por lo tanto, el día del Señor cristiano sigue siendo todavía típico. Pero lo típico es menos externalista, menos futurista, más interior. La realidad ya está con nosotros puesto que ya estamos "establecidos en lugares celestiales".

La transición del último al primer día de la semana se realizó gradualmente. Aparentemente, Jesús deseaba que sus seguidores siguieran observando por el momento el día de reposo judío. "Orad que vuestra huida no sea en invierno ni en día de reposo" (Mt 24:20). Sin embargo, hoy estaríamos actuando en contra del espíritu de Cristo si buscáramos reintroducir el día de reposo judío en el tiempo y en el modo de observancia. Hacerlo sería negar que, por la resurrección de Cristo, Él ha dado paso a la verdadera redención del trabajo del pecado.

El último día de la semana fue reemplazado por el primero a medida que el significado espiritual de la resurrección comenzó a entenderse más plenamente. El primer día de la semana era el día de la resurrección. Una comprensión más espiritual de la obra de Cristo permitió a los Apóstoles ver el significado de la resurrección. Las propias apariciones de Jesús en "el primer día de la semana" ayudaron a fijar la atención en este día. Los primeros creyentes comenzaron a reunirse el primer día de la semana (Hechos 20:7). En 1 Cor. 16:2 Pablo insta a los cristianos a reservar algo cada primer día de la semana (1 Cor 16:2). De nuevo en Apocalipsis 1:10 Juan dice que estaba en el Espíritu en el día del Señor (Ap. 1:10). Tal como se cita a Brabourne diciendo: "¡Ay de aquellos predicadores que intentan probar a partir de estos textos!". Ahora bien, no tenemos ningún deseo de probar todo el asunto a partir de estos textos, sino que solo nos referimos a ellos como corroborativos del significado de la resurrección. El argumento real para el cambio del día es el hecho de la resurrección en su significado redentor.

Para corroborar aún más, podemos señalar el argumento de Pablo contra los judaizantes.[2] Algunos han tratado de deducir de tales lugares que Pablo quiso decir que no se hiciera distinción entre ningún día. Eso sería contrario a su enseñanza y práctica general en la que constantemente aparta el primer día de la semana como "el día del Señor". Además, el Apóstol definitivamente está argumentando en contra

---

2. "Guardáis los días, los meses, los tiempos y los años" (Gálatas 4:9-11); "Por tanto, nadie os juzgue en comida o en bebida, o en cuanto a días de fiesta, luna nueva o días de reposo" (Colosenses 2:16).

de los judaizantes. Si los judaizantes se salían con la suya, reintroducirían todo el esquema Antiguo testamentario. No hacerlo no sería una desactualización inocente, un oscurantismo inofensivo. Sería imposible restablecer el judaísmo, un judaísmo reinstaurado sería el paganismo Implica una negación del significado redentor de los hechos centrales de la obra de Cristo, así, el sabatismo no es una fantasía inofensiva. Si fuera consistente, sustituiría al cristianismo por todo el judaísmo. Del judaísmo por el cristianismo. Ahora, en el tiempo de transición, la consistencia de este principio aún no se entendía completamente. En consecuencia, encontramos que Pablo no milita en contra del día de reposo.[3] En lugar de la observancia del domingo cuando no llevaba a nada más. Sólo cuando con la observancia del día de reposo todo el judaísmo buscó el reingreso, lo atacó duramente.

Lentamente a través de las edades se entendió el principio espiritual. En Tomás de Aquino tenemos quizás un punto culminante de desarrollo. Los reformadores, en su celo contra el externalismo de Roma, a menudo se desviaron hacia el otro extremo. Entre ellos, los

---

3.   A menudo predicaba en el día de reposo.

anabaptistas consideraban innecesario observar el día de reposo en algún sentido especial.
En reacción a esto, Bound publicó un tratado
sobre el día de reposo en 1595 que marcó el
comienzo del reposo puritano con su gran énfasis en la observancia externa del día de reposo. Así, la historia de las controversias sobre el
día de reposo estableció una vez más el punto
de que es fácil caer en los extremos. El peligro
del anabaptismo por un lado y el peligro del
fariseísmo por el otro siempre han acosado a la
iglesia. De estos peligros podemos quedar libres
en gran medida si reconocemos en primer lugar
que el día de reposo es una institución basa-
da en una ordenanza de la creación. En consecuencia, debemos ser "seguidores de Dios" y,
como él, "descansar" de nuestros trabajos. En
segundo lugar, la observancia interna del día de
reposo es de importancia primordial, debemos
retirarnos de toda clase de trabajo y distracción
que nos impida fijar nuestros corazones en
adoración privada o pública en Dios y Cristo,
ninguna cantidad de observancia externa detal-
lada puede jamás reemplazar esta observancia
interna del día de reposo. Por lo tanto también,
ya que Dios ha hecho al hombre alma y cuerpo,
tienen sus necesidades, es bueno notar que un

día de reposo "puritano" no es necesariamente el mejor día de reposo. Debemos participar en ejercicios espirituales en el día de reposo, pero no podemos participar en ejercicios espirituales a menos que estemos en buena forma física. En tercer lugar, la observancia externa del día de reposo no es un asunto de indiferencia. Hacer ejercicios espirituales presupone una atmósfera tranquila. Si perturbamos la atmósfera del día de reposo, pecamos contra nosotros mismos y quizás contra nuestro prójimo.[4]

---

4. No discutiremos por separado lo que está prohibido en el cuarto mandamiento, ya que esto ya se ha tocado en la discusión de lo que se ordena.

6

EL QUINTO
MANDAMIENTO:
AUTORIDAD

6.1   Comentarios

Ya hemos hablado de promesa y amenaza en
relación con la ley cuando discutimos el segundo mandamiento. La razón para señalarlo
aquí es que Pablo nos dice en Efesios 6:3 que
este quinto mandamiento es "el primer mandamiento con promesa" (Efesios 6:3). Si esto
no está en conflicto con el hecho de que las
promesas y las amenazas se adjuntan al segundo mandamiento, debemos concluir que en el
quinto mandamiento la promesa se adjunta a
ese mandamiento en particular, mientras que
en el caso del segundo la amenaza prometida
incluía toda la ley.

En cuanto al contenido de la promesa, podemos señalar que no puede significar que toda

persona que honra a sus padres vivirá mucho tiempo. Tampoco significó esto incluso durante el tiempo del Antiguo Testamento. Los hechos entonces habrían probado que la promesa era falsa muchas veces. Significa que la nación cuyos ciudadanos tienen respeto por los padres y la vejez en general puede esperar perdurar.

6.2   Lo que se ordena

Para entender lo que se manda, debemos notar de inmediato que el quinto mandamiento no se limita a la vida familiar, sino que involucra la cuestión general de la autoridad dondequiera que aparezca. La familia es la unidad a partir de la cual se construye la sociedad, y por eso se menciona a ella y no a la sociedad y el estado. Pero esto no nos permite concluir que las Escrituras no nos proporcionan ninguna base para la ética social.

Incluso si no tuviéramos mandamientos específicos con respecto a la vida social, todavía tendríamos una base para la ética social en la doctrina bíblica de Dios. Es la doctrina teísta de Dios, tal como se establece en la Biblia, la que proporciona el fundamento de toda autoridad. Nos atrevemos a decir que sólo sobre esta base existe alguna autoridad entre los hombres en cualquier lugar. Sin la concepción teísta de Dios, toda ley de la naturaleza y de la moral acaba de aparecer en un mero universo fortuito. No hay entonces ninguna razón para que un ser humano ejerza ninguna autoridad sobre otro. El accidente de una circunstancia favorable, una mayor fuerza, una habilidad superior etc., no son en sí mismos una justificación para que un ser humano ejerza autoridad sobre otro. Por otro lado, dada la concepción teísta cristiana de un Dios que es él mismo la fuente de la ley y la autoridad entre los hombres, se sigue de inmediato, e incluso se establece entonces la naturaleza de la autoridad. Hablamos a menudo de autoridad moral, con esto queremos decir que alguien, por capacidad y esfuerzo, ha alcanzado una posición en la sociedad que hace que otros consideren su opinión como de peso. Así que un médico tiene autoridad, pero esto no es lo que se entiende propiamente por autoridad. Por autoridad en el sentido propio del término se entiende que uno debe, en el nombre de Dios, exigir la obediencia de otros a ciertas leyes de Dios. Los que requieren obediencia son los siervos de Dios. No tienen autoridad en sí mismos. Tampoco su autoridad les es delegada directamente por otras personas. Si les es delegada por otras personas es porque estas otras personas son en sí mismas los agentes apropiados de Dios para delegar autoridad. En cualquier caso, toda autoridad entre los hombres es delegada a los hombres por Dios. Siempre que un hombre no reconoce esto, usurpa la autoridad. Si todavía es obedecido por otros, puede ser que estos otros miren más allá de él hacia Dios y lo obedezcan sólo por Dios.

6.2.1   La familia

Con la concepción teísta general de la autoridad como trasfondo, no nos sorprende que la concepción cristiana de la familia sea bastante diferente de la no cristiana. Ahora no estamos discutiendo el matrimonio. Una discusión sobre el matrimonio viene bajo el séptimo mandamiento. Aquí sólo hablamos de autoridad. Pero debemos hablar primero de autoridad en la familia y por lo tanto de la familia misma. Si la familia se hubiera originado gradualmente a medida que el hombre emergía de la etapa no moral de la existencia, no podría haber autoridad propiamente dicha. O, dado que había una apariencia de autoridad de los padres sobre los hijos, al menos no había ninguna razón para hablar de la autoridad del hombre sobre la esposa. El feminismo moderno tiene razón si el antiteísmo tiene razón. Que el hombre sea más fuerte que la mujer, etc., no es en sí mismo una justificación para la autoridad. Sobre la base teísta, no existe tal cosa como una ley de la naturaleza aparte de Dios. Pablo habla de la naturaleza enseñándonos ciertas cosas, pero concibe las leyes de la naturaleza como expresión de la voluntad del Dios de la naturaleza.

Sobre la base teísta, por otro lado, debemos anteceder una discusión sobre la autoridad de los padres con una discusión sobre la autoridad del esposo. La ley de la naturaleza nos enseña la autoridad del marido. Una familia necesita autoridad para cumplir su propósito, debe haber unidad y armonía y esta armonía encuentra su expresión final en el esposo. La historia de la creación de Eva se introduce diciendo que ella tiene que ser una ayuda para el hombre. Es con referencia a esto que Pablo habla en 1 Tim. 2:13, que Adán fue creado primero.

No hay nada degradante para la mujer en este acuerdo, ese lugar que Dios nos ha asignado es siempre el más honorable. Tampoco habría ninguna fricción sobre el asunto si no fuera por el pecado. Fue como castigo por su pecado que

Dios le dijo a Eva que la relación natural se volvería anormal para que la autoridad del hombre resultara ser despotismo (Gn 3:16). Es en Cristo donde se restablece en principio la verdadera relación.[1] "Porque el marido es cabeza de la mujer, como también Cristo es cabeza de la iglesia…" (Efesios 5:23). Pablo indica cuán santo es el asunto de la autoridad. Nadie puede darse el lujo de jugar con una autoridad que se compara directamente con la sagrada autoridad de Cristo sobre su iglesia. Por otra parte, nadie puede darse el lujo de abusar de tal autoridad, ya que realmente la posee solo cuando la ejerce en el espíritu de Cristo. Si los esposos aman a sus esposas como Cristo ama a su iglesia, su autoridad nunca puede parecer una carga. Si existe el verdadero amor, el esposo considerará a la esposa como "el vaso más frágil" y la considerará como una "coheredera en la fe" para que las oraciones "no tengan estorbo". 1 Pe 3:1, Ti 2:3-5

Estos asuntos no son motivo de frivolidad. La sociedad está sufriendo gravemente por el descuido de las ordenanzas de creación de Dios. El pecado ha causado estragos en cada

---

1. La sección de efesios 5 y 6, al igual que colosenses 3 son importantes.

fase de la existencia humana. Es especialmente necesario en un caso de este tipo en el que los cristianos son tan fácilmente inducidos a seguir consejos de conveniencia y teorías psicológicas que suenan plausibles, que guiemos nuestra conducta por la Palabra de Dios. La conducta así guiada será a la larga la más conveniente.

En cuanto a la autoridad de los padres, la enseñanza de la naturaleza es aún más clara que en el caso de la autoridad del marido. La relación padre-hijo es una relación natural y no voluntaria. Pero incluso esto no establecería en sí mismo la autoridad de los padres. Si no fuera porque los padres tienen autoridad delegada por Dios, no tendrían ninguna. Los padres no tienen simplemente una autoridad moral porque son más avanzados en edad y conocimiento, sino que tienen autoridad en el sentido de que deben exigir obediencia. En el caso de niños pequeños esto puede parecer arbitrario, un niño debe obedecer porque el padre dice que debe hacerlo, incluso si no puede entender las razones de ciertas acciones. Es tarea sagrada de los padres cultivar en el corazón de sus hijos el respeto a la autoridad. Por lo tanto, si no se exigen obediencia a sí mismos, derriban desde el principio lo que deben tratar de construir.

Tan pronto como sea posible, el padre deberá señalar al niño la fuente final de autoridad; tan pronto como sea posible, el padre tendrá que señalar a la fuente final de la autoridad; la heteronomía debe conducir a la teonomía antes de que conduzca a la autonomía. Los padres y madres indulgentes piensan que son amables cuando en realidad socavan la familia, la sociedad y ofenden a Dios todopoderoso.

En correspondencia con la demanda de los padres, el niño debe obedecer por su parte. Pero Pablo nos dice que a veces los niños pueden estar "*a-storge*", es decir, sin "afecto natural". Agregue a esto que los padres a menudo parecen ser poco más que bestias brutas y lo que podría parecer al principio una consecuencia natural se convierte de inmediato en una cuestión moral. Solo cuando los padres realmente hagan su parte, se puede esperar que los niños hagan la suya. La parte de los niños es respetar, obedecer y mostrar gratitud. Incluso cuando los padres parecen mal merecedores, los hijos no están exentos de la obediencia, ya que Dios les ha asignado su lugar a los padres. A menos que sea un caso de obedecer la voluntad de Dios en lugar de a los hombres, los hijos estarían desobedeciendo a Dios si desobedecieran a sus padres.

Puede notarse de paso que la mejor pedagogía del día es comenzar una vez más a reconocer el valor del punto de vista bíblico en este
asunto. E. Hocking en su "Human Nature and
its Remaking" milita en contra de la teoría superficial de la pedagogía tan prevalente hace
algunos años de que a un niño no se le debe
enseñar nada con autoridad, y mucho menos
religión. Hocking se da cuenta de que a menos
que se le enseñe a un niño algo positivo como
aceptar la verdad, la voluntad del niño no se desarrollará realmente. En lugar de convertirse en
una personalidad fuerte, capaz de una elección
responsable, el individuo resulta ser un pedazo
de flacidez arrojado aquí y allá con todo viento
de doctrina.

6.2.2 *Autoridad social*

Pasando ahora al asunto de la autoridad en la
sociedad, incluimos en el término sociedad
todas las relaciones humanas que van más allá
de la vida de la familia. Pero podemos dividir
esto en tres subdivisiones, (a) la sociedad propiamente dicha, (b) el Estado, y (c) la Iglesia.
Ahora bien, hay cristianos que están dispuestos
a admitir que existe tal cosa como la autoridad en el Estado y la Iglesia, pero no ven que

necesitamos autoridad también en la esfera de la sociedad. Que necesitamos autoridad en la sociedad se entenderá fácilmente una vez que se comprenda que toda la vida humana debe ser regulada por las leyes de Dios. Allí donde aparecen, pues, leyes verdaderas, es decir, leyes realmente naturales y, por tanto, creación de Dios, tienen autoridad para nosotros.

Ahora podemos imaginarnos aproximadamente cuál habría sido el desarrollo de la raza humana en caso de que el pecado no hubiera entrado en el mundo. La vida familiar se habría expandido a la vida grupal. Así, la organización se habría vuelto cada vez más compleja. Y en este organismo complejo, la unidad de propósito requerida para la tarea común de someter al mundo exigiría un ejercicio ampliado de autoridad. Así, la autoridad en la sociedad sería algo natural.

También habría entrado la especialización por la mayor complejidad de la sociedad y por las distintas adaptaciones. Por lo tanto, habría existido lo que ahora llamamos autoridad moral tanto como la autoridad propiamente dicha.

Pero ahora no podemos imaginarnos sólo con lo que habría sido la sociedad, el pecado ha entrado en el mundo y por tanto también en la vida social, es esto lo que ha traído abuso y usurpación de autoridad en la sociedad en general. El despotismo por un lado y la revolución por el otro han estado a la orden del día. Fue sólo debido al pacto de Dios con la tierra y sus habitantes, es decir, el pacto de Dios de la gracia común que impidió la destrucción total de la sociedad de la tierra. En Génesis 6 se nos dice que la imaginación del corazón de los hombres es de continuo solamente el mal. Gn 6 Por tanto, Dios debe destruir la sociedad. Pero para Dios hacerlo sería derrotar su propio propósito. Por eso se nos dice en Génesis 8 que aunque el corazón del hombre continuó siendo malo incluso después de grandes castigos, Dios ya no consideraría el corazón del hombre sino su propio pacto. Gn 8 Entonces puso el arco en la nube. Su premisa permitió a Dios, a pesar del pecado del hombre, continuar la existencia de la sociedad.

Pero como medio para la continuidad de la sociedad, Dios tuvo que hacer una revelación exteriormente manifiesta de su autoridad, porque sin autoridad el hombre no podía vivir ni un instante y el ojo del hombre se había oscurecido demasiado por el pecado para ver la autoridad de la naturaleza. En consecuencia, en la sociedad, Dios aparta a ciertos defensores de su autoridad. El estado es un don de la gracia común de Dios, no tiene autoridad propia, ni tampoco la autoridad como tal reside en el "pueblo libre", ningún ser humano tiene autoridad porque el hombre es una criatura de Dios. Pero una criatura de Dios puede y debe como siervo de Dios delegar la autoridad de Dios para que la sociedad progrese ordenadamente. En consecuencia, la principal tarea del estado es evitar la usurpación de autoridad por parte de cualquier individuo o grupo sobre otro individuo o grupo. El paternalismo es el pecado que acosa tanto a los gobiernos modernos como a los antiguos. Un triste ejemplo de intento de paternalismo por voto popular fueron los esfuerzos recientes en Michigan y Oregón para robar a los padres su sagrado derecho y deber de educar a sus hijos de acuerdo con los dictados de su conciencia. Es muy fácil para el humanismo en la religión alcanzar el arma del paternalismo en el gobierno para infligir una persecución peor que la medieval en nombre de la ilustración y la cultura.

El abuso es fácil, es fácil por parte del gobierno, es más fácil aún por parte de los gobernados. El principio de autoridad requiere que seamos obedientes al gobierno porque "no hay poder sino el de Dios", "Así que, el que resiste al poder, resiste la ordenanza de Dios" (Rom 13:2). Y esto es cierto incluso si el propio gobierno no es plenamente consciente de este hecho y, a menudo, puede haber abusado de su poder. La revolución puede ser un deber sagrado, pero más a menudo ha sido un sacrilegio; la revolución francesa proclamó abiertamente que no quería ni señor, ni amo. Cabe señalar que en los lugares y en los tiempos en que las naciones se han adherido más a las ordenanzas de Dios, han prosperado mejor.

Aún más, era necesario que Dios, para cumplir su propósito con la raza humana, no sólo mantuviera su existencia por medio de su pacto de gracia común, sino que la guiara a su meta por medio de su pacto de gracia especial. La existencia continua de una raza humana que ha pecado contra su creador no tendría sentido a menos que esta raza haya sido conducida a su objetivo. Y la gracia común no fue suficiente para llevar la carrera a su meta. No cambió radicalmente el corazón del hombre. Además, fue, en una medida temporal que apuntaba más allá de sí misma para su pleno significado. La gracia común encuentra la plena justificación de su existencia en la gracia especial, el mundo existe para los creyentes.

Son la sal y la luz de la tierra. Sólo los que están en Cristo reconocen plena y realmente la autoridad de Dios. Por tanto, en el cuerpo de los creyentes aparece una vez más la verdadera sociedad, aunque sea sólo en principio. Cristo ya es rey de las naciones, estén o no dispuestos a reconocerlo. Por lo tanto, es tarea de la iglesia mantener estrictamente la autoridad de Cristo dentro de sus fronteras y predicar el verdadero concepto de autoridad para la sociedad en general.

Ahora hemos hablado del estado como una institución de la gracia común de Dios y de la Iglesia como una institución de la gracia especial de Dios y hemos tratado de relacionarlos y darles un lugar dentro de una concepción bíblica y teísta de la sociedad humana en general. Queda ahora la sociedad en el sentido más estricto del término, es decir, la sociedad a diferencia de la iglesia y el estado. Ya hemos visto que también aquí debe prevalecer la autoridad, ya que toda ley es de Dios. Sin embargo, hay una diferencia en la forma en que opera la autoridad. En el estado opera necesariamente por medio de la espada, en la Iglesia opera a través de la Palabra; pero en la sociedad opera por naturaleza. Estas distinciones no son absolutas, pero al menos son en gran medida ciertas. No existe en la sociedad ningún poder compulsivo dado a individuos definidos por el cual pueda y deban ejercer autoridad sobre otros, la operación de la sociedad como tal tampoco cae inmediatamente dentro del ámbito de la gracia especial. Pero la naturaleza nos dice que la sociedad se vuelve más complicada a medida que avanza el tiempo. En consecuencia, se producirá necesariamente una especialización de la que el uso del capital es sólo un ejemplo. Además, hay varias capacidades dadas a varios hombres individuales. Así, las ideas del socialismo que busca nivelar todas las diferencias entre los hombres son contrarias a la naturaleza y, por lo tanto, al Dios de la naturaleza. Es el abuso que el capital a menudo hace de su poder contra el cual se debe protestar y quizás tomar acción. No hay duda de que si tanto el capital como el trabajo fueran más teístas en su actitud, la fricción entre ellos disminuiría. Es el cultivo de una actitud genuinamente teísta en la sociedad lo que incumbe no sólo oficialmente a la iglesia sino también al pueblo cristiano como organismo. Los elementos verdaderamente cristianos entre todos los estratos de la sociedad deben buscar un contacto más íntimo y, en la medida de lo posible, efectuar una organización.

Podemos notar cómo la concepción de la sociedad, el estado y la Iglesia, tal como se presentó anteriormente, difiere radicalmente de la de Platón y todos los demás escritores no teístas. Los escritores antiteístas no permiten la gracia especial ni siquiera la común, para ellos el pecado no es algo que haya entrado en la sociedad por la desobediencia del hombre. En cambio, el pecado no es más que un mal inherente inevitablemente presente en una raza en desarrollo. En consecuencia, se considera que el estado y la iglesia no son más que esfuerzos de parte de la raza en desarrollo para vencer algunos de sus males. Y de esto se sigue que en ninguna parte hay una comprensión de que en cada esfera la autoridad viene de Dios. Lo correcto es lo correcto, se trata de salirse con la suya en un universo que resulta ser lo que es; No es de extrañar que en tal caso haya abuso de poder y falta de obediencia. Es sólo la gracia común de Dios la que capacita a los hombres en cualquier sentido para ejercer correctamente la autoridad y dar cierta medida de obediencia. El pueblo cristiano, por tanto, no se mantendrá al margen de todo movimiento de la sociedad o del estado que pueda aumentar de algún modo el ejercicio legítimo de la autoridad y la actitud verdaderamente teísta de la obediencia. Por otro lado, permanecerán valerosamente "de otro mundo" en el sentido de que no esperan que la autoridad y la obediencia genuinas estén en la tierra hasta que los reinos de este mundo le sean entregados a Aquel cuyo derecho es gobernar.

7

EL SEXTO
MANDAMIENTO:
LA VIDA HUMANA

Si no limitamos el significado de este mandamiento a una falsa literalidad sino que buscamos comprender su significado espiritual,
podemos decir que lo que se manda es respetar,
conservar y desarrollar la vida humana. Matar,
o como dice el original, fragmentar la vida humana, no es más que la forma más extrema de
una política opuesta a la que respeta, preserva y
desarrolla la vida humana. Podemos subdividir
la discusión en lo que trata del respeto, conservación y desarrollo del individuo, y lo que trata del respeto, conservación y desarrollo de la
sociedad, o más bien lo que habla de nosotros
mismos y lo que habla de nuestros prójimos.

7.1   Lo que se ordena para uno mismo

El mandamiento se refiere a la vida humana. No está permitido tratar despiadadamente con la vida de las plantas y especialmente de los animales. Sin embargo, las plantas y los animales se dan para el uso del hombre, por lo tanto, su vida debe ser quitada. Incluso la vivisección no tiene por qué estar siempre equivocada, si se hace con el interés de aliviar el sufrimiento del hombre, puede ser deseable, pero de pasada, y eso...

Es más importante notar que el mandamiento no tiene límite cuando se aplica a la vida humana. A veces se piensa que somos al menos los dueños de nuestra propia vida, si no de los demás. Pero esto exactamente no es el caso. No tenemos más derecho a hacer con nuestra propia vida lo que nos plazca que el que tenemos de hacer con la vida de los demás lo que nos plazca. La vida humana pertenece a Dios, Él es su creador, cuando uno arrebata una vida humana en cualquier lugar, uno está robando la propiedad de Dios.

Es más, uno estaría robando la propiedad más valiosa de Dios. Dios ha creado al hombre a su propia imagen, Él ha respaldado ricamente al hombre con capacidades para devolver la alabanza a Dios. Todo lo que el mundo ha dicho con respecto al valor del hombre no es nada comparado con la simple declaración "creado a la imagen de Dios", es imposible revestir al hombre de una dignidad superior. Los que no se aferran a la creación de este universo por Dios, han alternado en su acusación contra la teología ortodoxa, entre decir que eleva injustificadamente al hombre a un puesto de privilegio, o lo rebaja indebidamente a la posición de un pecador sin valor. Por supuesto, no es de extrañar que el pensamiento antiteísta sea tan inconsistente. Siempre mezcla metafísica y ética. Estamos aquí hablando principalmente de metafísica. El teísmo, que sostiene que el hombre ha sido creado a imagen y semejanza de Dios, tiene una concepción más elevada de la dignidad inherente del hombre que la que podría tener el antiteísmo.

A menudo se admite, incluso por parte de los reacios a la doctrina de la creación, que el cristianismo ha introducido la idea del valor inherente de la personalidad humana. Ahora bien, en la medida en que es cierto que el cristianismo representa el valor de la personalidad como tal, no lo ha introducido sino que lo ha vuelto a introducir. Aquí, como en otras partes, el cristianismo ha sido restaurador de un teísmo original, la doctrina de la creación es la presuposición misma de la obra de Cristo; quien vino a restaurar en el hombre la imagen de Dios en su totalidad. Col. 3.10, Ef. 4.24

Mientras tanto, debemos observar que ni siquiera el pecado borró por completo la imagen de Dios en el hombre.[1] El hombre sigue siendo, incluso como pecador, portador de la imagen de Dios en el sentido más amplio del término. Por lo tanto, es este hecho de que el hombre, dondequiera que se encuentre, es el portador de la imagen de Dios lo que hace que la vida humana *per se* sea sacrosanta.

Es este hecho el que nos permite respetar la vida humana en general, es este hecho el que nos permite respetarnos a nosotros mismos, es este hecho el que hace del respeto propio un deber humano; debemos respetarnos a nosotros mismos porque no nos pertenecemos. Pero el hecho de que la imagen de Dios en el hombre sea el único objeto posible de respeto en él, implica el hecho de que sólo un cristiano puede realmente respetar la vida humana en general y sólo un cristiano comprende plenamente lo que significa tener respeto por uno mismo. El

---

[1] Mira el segundo mandamiento.

amor propio cristiano es el único amor propio realmente humano. Sólo un cristiano reconoce realmente la imagen de Dios en el hombre. Además, se regocija que por medio de Cristo le ha sido restaurada la imagen de Dios en el sentido más estricto, es decir, que ha vuelto a tener el verdadero conocimiento, la justicia y la santidad. Todo cristiano, incluso el de la posición social más baja posible, lleva en su seno la conciencia de ser un verdadero portador de la imagen de Dios.

Así se moraliza el instinto natural de autoconservación. Pablo reconoce que "nadie aborreció jamás a su propia carne", como algo genuinamente humano. Sin embargo, añade de inmediato, "sino que la alimenta y la cuida, como también Cristo a la Iglesia" (Efesios 5:29). Así, incluso la vida corporal se pone en conexión directa con la obra de Cristo. Y esto concuerda con la enseñanza general de Pablo de que el cuerpo es templo del Espíritu Santo. Encontramos entonces que el auto-respeto cristiano es el único verdadero respeto a sí mismo del ser humano y que este respeto a sí mismo es el reconocimiento en nosotros de la imagen de Dios. Nos amamos a nosotros mismos por amor a Dios.

Un punto de importancia en este sentido es notar que el genuino respeto por uno mismo no puede existir a menos que también esté presente una verdadera humildad. Y esta verdadera humildad no es tanto un reconocimiento del hecho de que el hombre es una partícula muy pequeña en un gran universo. Un materialismo vulgar ha abogado por tal falsa humildad. Pero un verdadero teísmo reconoce la prioridad del Espíritu sobre la materia. Una verdadera humildad es el reconocimiento del hecho de que el hombre ha desfigurado la imagen de Dios y que, por lo tanto, es éticamente indigno del amor de Dios. Es esta consideración la que hace decir al profeta Isaías: Dejaos del hombre, cuyo aliento está en su nariz; porque ¿de qué es él estimado? Isaías 2:22.Porque así dijo el Alto y Sublime, el que habita la eternidad, y cuyo nombre es el Santo: Yo habito en la altura y la santidad, y con el quebrantado y humilde de espíritu, para hacer vivir el espíritu de los humildes, y para vivificar el corazón de los quebrantados. (Isaías 57:15). Así vemos que para una concepción verdaderamente bíblica del hombre debemos tener en cuenta estos factores: su dignidad original como criatura de Dios, su desviación ética de Dios y su restauración a

Dios en Cristo.

Cuando un cristiano reconoce plenamente estos elementos, se salva de los dos extremos de la autoglorificación y la autodegradación. No como si el verdadero respeto por uno mismo fuera una posición intermedia entre ellos. El verdadero respeto por uno mismo, como hemos visto, se basa en un fundamento teísta. Por otro lado, la glorificación y la humillación propias se construyen sobre un fundamento antiteísta, cuando el hombre no reconoce a Dios como su creador, naturalmente se entregará al orgullo cuando las circunstancias son favorables o se volverá hacia un pesimismo cósmico e individual si las circunstancias son desfavorables. La forma más extrema de uno es la autodeificación y la forma más extrema del otro es el suicidio, por supuesto, la absoluta locura de ambos es patente incluso asumiendo la verdad del no teísmo. El hombre ciertamente no se ha traído a sí mismo o al universo a la existencia, Se deriva de otra cosa si no es de Dios. Por lo tanto, su autodeificación nunca puede ser más que un autoengaño y, mediante su suicidio, el hombre no puede quitarse lo que no ha producido, pero en todo caso el hombre no se siente responsable ante Dios cuando es antiteísta y por lo tanto puede intentar libremente quitarle la vida; no es una maravilla, entonces, que haya tantos suicidios pero es una maravilla que haya tan pocos. La única manera en que podemos explicar el hecho de que haya tan pocos suicidas es que Dios ha por su gracia común ha frenado suficientemente la locura del pecado en el hombre como para hacerle sentir algo de sus limitaciones y deberes mientras esté en la tierra, Sócrates dijo que no tenemos derecho a buscar un escape del puesto donde los dioses nos han colocado.

Debe insertarse aquí una advertencia con respecto al asunto del suicidio. Hemos dicho que un cristiano se abstendrá del suicidio. Sin embargo, al decir esto hemos asumido, sin embargo, que el cristiano sabía lo que estaba haciendo. Pero puede haber momentos de locura temporal. Por lo tanto, no podemos juzgar, sino dejar el juicio a Dios, hay cinco casos registrados de suicidio en el Antiguo Testamento. Abimelec se quitó la vida para evitar la vergüenza de haber sido asesinado por una mujer (Jue 9:54). Saúl y su escudero se suicidaron para evitar ser asesinados por los filisteos (1 Sm 31:4). Ahitofel hizo lo mismo cuando su consejo fue rechazado. (2 Sm 17:23) Zimri quemó el palacio en el que vivía y pereció en él cuando Omri había tomado la ciudad de Tirsa (1 Re 16:18). Ahora bien, las Escrituras no condenan estos actos con tantas palabras, simplemente los registran como hechos, ya que hacen muchas obras que son malas. En consecuencia, los suicidios registrados en las Escrituras no afectan su clara enseñanza de que el hombre pertenece a Dios y, por lo tanto, no puede quitarse la vida. Los paganos vieron vagamente que el hombre está colocado en un puesto de responsabilidad en este mundo, sintieron que sería una cobardía tratar de escapar de ella. Sin embargo, concibieron situaciones en las que el *taedium vitae*[2] justificaría el suicidio. El cristianismo no puede encontrar tal condición, la vida puede ser extremadamente agotadora para un cristiano a veces. Pero todo lo que le es enviado, está seguro, es enviado por Dios y Dios aumentará su gracia con sus cargas. El cristiano buscará ser paciente en la tribulación, y esta paciencia no es una mera sumisión estoica a circunstancias irrevocables. El hombre bueno estoico y el hombre bueno cristiano no tienen nada en común respecto a esto; el cristiano está aguda

---

2. Nota del editor: Asco por la vida, desprecio por la vida.

y espiritualmente alerta a las circunstancias que lo rodean, no echa sobre sus hombros un arnés de insensibilidad cuando otros lo desprecian y lo insultan. Es más bien un mártir de Cristo, soportando todo por Él, como Esteban orando incluso por el perdón de los que lo apedrearon. "Porque si vivimos, para el Señor vivimos; o si morimos, morimos para el Señor; pues, vivamos o muramos, del Señor somos" (Rom 14:8).

Pero el suicidio es la forma más extrema de violación del respeto real por uno mismo. Hay muchas formas menos extremas que debemos evitar de estos podemos mencionar la complacencia desmedida de apetitos legítimos, como la comida, la bebida y el sexo. Debe enfatizarse que ningún regalo de Dios es malo en sí mismo, el cristianismo no tiene nada en común con el principio maniqueo del mal inherente a la materia. Todo don de Dios puede usarse con acción de gracias, la iglesia romana ha olvidado esto con su celibato del clero; los propagandistas de la prohibición a menudo olvidan esto en su celo contra el alcohol. Es el abuso o mal uso de los dones de Dios lo que es pecaminoso. Ningún cristiano que se respete a sí mismo puede permitirse ser esclavo de cualquier deseo.

Por el contrario, todo cristiano debe tratar de conservar y desarrollar su cuerpo y su alma. Cualquier organismo busca desarrollarse a sí mismo, así también el organismo del alma y del cuerpo debe desarrollarse. El alma debe hacer esto por implicación en la interpretación de Dios de la realidad, es decir, por una verdadera educación. Pero, ¡ay!, el pecado ha efectuado una separación entre Dios y el hombre, de ahí que el hombre busque su educación fuera de Dios. En consecuencia, su "educación" lo aleja cada vez más de Dios, sólo una verdadera educación cristiana es realmente el desarrollo de la personalidad finita. Sólo un cristiano se ejercita en lo que es genuinamente verdadero, bello y bueno. El término educación no es un término neutral o un término que siempre tenga la misma connotación. La educación antiteísta opera en el vacío ya que ha cortado los hechos de Dios. Por lo tanto, no desarrolla realmente la personalidad, su desarrollo aparente es legítimo y aconsejable, por otro lado, el desarrollo corporal nunca es un fin en sí mismo; el reciente énfasis en la cultura física y la locura por el deporte parecen olvidar que el hombre es más que un cuerpo, su alma a menudo se descuida en favor del cuerpo.

7.2   Lo que se manda para el prójimo

Ahora podemos pasar al significado social del
sexto mandamiento. Y aquí está nuestro deber
positivo de respetar, preservar y desarrollar la
vida de nuestro prójimo y nuestra tarea negativa de oponernos a cualquier cosa que interfiera
con tal programa. En resumen, debemos amar
a nuestro prójimo como a nosotros mismos,
hacer esto solo es posible sobre una base teísta;
sólo un cristiano respeta, conserva y desarrolla
su propia vida por amor a Dios. En consecuencia, sólo un cristiano puede amar realmente a
su prójimo, ya que también su prójimo debe
ser amado por Dios, los no cristianos o los no
teístas no tienen un centro para su pensamiento o su amor que pueda unir al hombre, cada
uno es concebido como existiendo para sí mismo, por lo tanto, el autodesarrollo es a expen-
sas del prójimo en lugar de, como sucede sobre
una base teísta, en beneficio del prójimo. No
puede haber una verdadera comunidad de intereses entre los que no están unidos a Dios por
medio de Cristo. A lo sumo cooperan en aras
de una utilidad momentánea. Dives[3] no estaba
realmente preocupado por sus cinco hermanos

---

3.   El "rico" en la parábola del "rico y lázaro", Lucas
16:19-31.

en la tierra. Aquel que no se había atado a sí mismo por ningún lazo de amor a Dios o al hombre mientras estaba en la tierra, no se entusiasmó repentinamente con un amor por su prójimo. En esa dicha triste, los habitantes se han vuelto como su líder, Satanás. Es una guerra de todos contra todos. Si Adán pensó, como lo presenta Milton, que al menos disfrutaría de la compañía de Eva cuando comiera del fruto prohibido, estaba muy equivocado. Debido a la gracia común de Dios, el hombre ha sentido algo de esto. B. Bosanquet nos dice, en terminología que suena cristiana, que el individuo debe perderse a sí mismo para reencontrarse en Dios y en el prójimo. Sin embargo, no puede existir un verdadero altruismo si Dios no es más que un complemento del hombre, en ese caso, ya no puede ser el centro y la meta del pensamiento y el amor. Podemos tener amor desinteresado por nuestro prójimo, pero sólo lo tenemos si primero hemos amado a Dios. 1 Cor 1:3 enumera varias de las características del verdadero amor al prójimo, no podemos hablar de ellos en detalle; podemos resumirlos diciendo que Pablo visualiza a su prójimo como creado a la imagen de Dios y por lo tanto lo ama por amor a Dios.

A menudo se dice que lo que el cristianismo ha contribuido al tema del altruismo es que ha eliminado las barreras nacionales para que el hombre aprendiera a reconocer, respetar, preservar y desarrollar al hombre, ya fuera bárbaro o patriota, esta afirmación es sólo parcialmente cierta; en primer lugar, no se puede enfatizar suficientemente que el altruismo del cristianismo es completamente diferente en calidad del altruismo, por ejemplo, del estoicismo, el cristianismo introdujo algo diferente de lo que se conocía en lugar de difundir más ampliamente lo que ya se practicaba en esferas limitadas. En segundo lugar, el cristianismo no introdujo realmente este amor genuino al prójimo, sino que lo reintrodujo, porque reintrodujo el teísmo. Y esto explica en tercer lugar por qué hubo presagios de un altruismo genuino entre Israel y en ningún otro lugar (Lv 9:24).

De lo anterior se sigue además que nuestro amor a Dios es anterior al amor a nuestro prójimo. Muchos hoy afirman que la primera tabla de la ley no tiene importancia para la moralidad. La creencia de uno en Dios se considera un pasatiempo sin efecto en la actitud de uno hacia el prójimo. Pero lo cierto es lo contrario, si Dios es lo que el teísmo dice que es, entonces debemos amarlo primero y por encima de todo y, a menos que lo hagamos, ni siquiera podemos amar a nuestro prójimo. Es cierto que la falta de amor al prójimo es signo de falta de verdadero amor a Dios, pero también es cierto que la falta de verdadero amor a Dios es garantía cierta de falta de verdadero amor al prójimo.

Aún más, amar a nuestro prójimo como a nosotros mismos de ninguna manera entra en conflicto con nuestro deber de cuidar de nosotros mismos en primer lugar; así también algunos vecinos, digamos, parientes, etc., están más relacionados con nosotros que otros. Todo esto se debe a la providencia de Dios, porque reconocer este hecho sería contradecir la providencia de Dios.

Y esto nos lleva a introducir otra distinción. Todos los hombres son nuestros prójimos, debemos amar a todos los hombres como a nosotros mismos, es decir, por Dios. Pero no todos los hombres son cristianos, y los cristianos deben amarse unos a otros en un sentido único; Jesús ama a los suyos con un amor único (Jn 13:1). Les dio un mandamiento nuevo, que se amaran unos a otros (Jn 13:34), El amor a los hermanos es lo que se distingue constantemente del amor a todos los hombres, especialmente por Juan (1 Jn 3:23). El modernismo está muy interesado en eliminar esta distinción ya que, sobre su supuesto naturalista, debe enseñar la paternidad universal de Dios y la fraternidad universal del hombre, el amor de los hermanos es el que permanece eternamente; por otro lado, el amor por aquellos que no están en Cristo terminará cuando su odio a Dios aparezca en el día del juicio.

Finalmente debemos notar a este respecto lo que significa que debemos amar a nuestros enemigos. ¿Quiénes son nuestros enemigos? Todos los que no aman al Señor Jesucristo. Son nuestros enemigos porque son enemigos de Dios. Vimos que el santo deber de la imprecación se basa en este hecho. "¿No he de odiar a los que te odian?" Sin embargo, mientras estemos en esta tierra debemos amarlos como criaturas, como portadores de la imagen de Dios. En este mundo el principio de la antítesis ética no puede ni debe realizarse de manera absoluta, Cristo oró por los que lo crucificaron; pero esto no debe hacernos pensar que Cristo o sus Apóstoles redujeron alguna vez el amor al prójimo al nivel prosaico del modernismo cuando sostiene, al señalar el incidente de la mujer sorprendida en adulterio, que hay demasiado bien en lo peor de nosotros y demasiada maldad en lo mejor de nosotros, para que cualquiera de nosotros piense que es realmente mejor que los demás. Cristo no redujo el odio y el amor a una mezcla incolora de los dos, sino que nos pidió que los mantuviéramos rígidamente separados y, sin embargo, dirigiéramos ambos al mismo individuo. Y si se dice que aquí se requiere de nosotros un milagro demasiado grande, la única respuesta es que todas las demás posibilidades son imposibles. Si el amor y el odio se mezclaran para formar una mezcla se anularían mutuamente y no tendrían ningún efecto; he aquí la absoluta impotencia del modernismo, su amor incluye al diablo y por lo tanto no significa nada cuando se dirige a Dios.

Si ahora se lleva a cabo este principio de verdadero amor hacia nuestro prójimo, tendremos que buscar en pensamiento, palabra y obra el desarrollo del bienestar general de nuestro prójimo. Pero esto nos lleva a otro punto, hasta ahora hemos estado discutiendo el deber del individuo hacia sí mismo y hacia su prójimo; ahora llegamos al deber de la sociedad con respecto al individuo. Pero, ¿tiene la sociedad un deber con respecto a la protección de la vida humana? Esto no puede sostenerse sobre una base antiteísta, sobre una base antiteísta, la sociedad está organizada sólo por el bien de la utilidad.

Se comprende fácilmente cómo Nietzsche pudo negar el derecho de la sociedad a suprimir cualquier ambición del individuo. Pero Nietzsche vivió adelantado a su tiempo, sus ideales se harán realidad en el infierno. Dios ha restringido gentilmente la ira del hombre lo suficiente como para dar a la sociedad un cierto sentido de la responsabilidad, por lo tanto, hemos visto que el estado se organizó sobre la base de la gracia común de Dios.

Y al estado Dios le ha delegado el poder y el deber de proteger la vida humana, la vida humana es sagrada, el que derrame sangre de hombre, su sangre debe ser derramada (Gn 9: 6); esta es una ley sagrada para todos los tiempos ya que se basa en el fundamento de que el hombre está hecho a imagen de Dios. La justicia de Dios exige la pena capital, ninguna cantidad de sentimentalismo puede eliminar este mandato divino, Ni siquiera la utilidad razones o la consideración de que hay que dar tiempo para el arrepentimiento. Dios se encargará de todos estos asuntos como Él considere oportuno si sólo obedecemos su mandato. Es una indicación de que la "conciencia cristiana" no es genuinamente cristiana, es decir, dispuesta a es decir, que está dispuesta a probar sus normas con las normas de la Escritura, cuando en sus argumentos no pregunta lo que la Escritura enseña sino lo que la Escritura debería enseñar. Es un falso humanitarismo que pretende sustituir la idea de mejora por la de castigo, el castigo siempre debe permanecer como la concepción primaria ya que la justicia de Dios ha sido ultrajada cuando se quita la vida humana o Sus leyes se han quebrantado de otras maneras.

Otra manifestación de un falso humanitarismo la encontramos en gran parte del pacifismo actual, la guerra es sin duda uno de los peores resultados del pecado. ¿Diremos entonces que siendo el corazón humano pecador, es inútil hacer ningún esfuerzo para obtener la paz universal? Tal actitud es ciertamente mucho más cercana a la verdad que el optimismo superficial que no figura con el pecado, sin embargo, tal actitud no es bíblica. Como cristianos debemos hacer todo lo posible para eliminar, en la medida de lo posible, por todos los medios legítimos, las consecuencias del pecado, en este sentido los cristianos deben ser pacifistas en política. Pero decir que toda guerra está mal y negarse a servir en cualquier guerra es falso pacifismo. El hecho de que las naciones, compuestas como están de pecadores, recurran a menudo a políticas de engrandecimiento hace necesario y justo que aquellos que son atacados se defiendan.

Pero aquí mismo aparecerá el argumento final sobre la base de una apelación al sermón del monte. El argumento es que los cristianos nunca deben contrarrestar ningún ataque contra ellos, ya sea como individuos o como naciones, se dice que el verdadero espíritu cristiano nunca se opone a la violencia con violencia, sino que nunca requiere reparación de ninguna forma. "Pero yo os digo: No resistáis al que es malo; antes bien, a cualquiera que te hiera en la mejilla derecha, vuélvele también la otra" (Mt 5:39).

Habrá que examinar entonces si las palabras pronunciadas por Jesús guardan la interpretación que se les ha dado. En primer lugar, debemos hacer la concesión de que las palabras de Jesús deben tomarse literalmente. No podemos pasarlos por alto a la ligera y vagamente y pensar que Jesús no pudo haber querido decir exactamente lo que dijo, Jesús prohíbe expresamente a su pueblo ofrecer resistencia. Más que eso; Jesús va más allá y les dice a sus discípulos que en lugar de resistir la violencia deben ofrecer la oportunidad y aparentemente la provocación para más violencia. Deben poner "la otra mejilla". Deben ofrecer la túnica cuando les quiten la capa, y caminar dos millas cuando se ven obligados a caminar solo una (Mt 5: 38-41). Incluso los menonitas y los cuáqueros no siempre han enseñado que Jesús enseñó en este sentido, a menudo se han atrevido a ir sólo a medias.

Esta interpretación concuerda con lo que hemos visto que es el verdadero significado del amor a aquellos que son nuestros enemigos. Sólo la gracia de Dios nos capacita para no cambiar el mal por mal (Rom 12:17), sino para "vencer el mal con el bien" (Rom 12:21).

Por lo tanto, vemos que el propósito de esta actitud es ganar a otros para el mismo espíritu, al amontonar "brasas de fuego" sobre sus cabezas, vamos a hacer que nuestros enemigos se avergüencen tanto de su acto de violencia y que tengan un dolor tan genuino por ello que acepten nuestra posición.

Notamos ahora que una tremenda actividad espiritual está involucrada en la actitud de no resistencia, por lo tanto, no se parece en nada a la pasividad que a veces se promueve en la literatura pagana. De hecho, es el polo opuesto del principio budista o estoico tan a menudo comparado con él; el principio antiteísta, cualquiera que sea la forma en que se manifieste, presenta una falsa imitación del *ius talionis* de Dios, Dios es un Dios de justicia, en consecuencia, debe haber un castigo equivalente a la medida en que los pecadores quebrantan la ley de Dios. Este principio fue falsificado por las naciones cuando cada individuo pensó que él mismo era la fuente de la ley, Sobre esta base, trató de reparar toda la violencia que se le hizo a él, vengándose de su adversario. En consecuencia, Lamec cantó la "canción de la espada"[4], "Que un varón mataré por mi herida, y un joven por mi golpe, si siete veces será vengado Caín, Lamec en verdad setenta veces siete lo será.", Así que Habacuc también habla de las naciones que hacen de su poder su dios, esta era la lógica de la posición. Pero un método tan extremo pronto habría destruido la tierra. En consecuencia, Dios, por su gracia común, domó la ira del hombre, de modo que los "sabios" empezaron a ver una cierta proporción en los asuntos morales y abogaron por el "ojo por

---

4. Génesis 4:19-24.

ojo", el llamado *ius talionis* moral vigente especialmente en el imperio de los Césares.

Pero el universo no podría así continuar existiendo, se debe hacer una reparación permanente a Dios; la ofensa a la justicia de Dios debe ser castigada, Cristo llevó ese castigo por todos los suyos, por lo tanto, los que están en Cristo no deben ni necesitan dar lugar a la ira. La venganza pertenece al Señor, toda violencia que se hace es realmente contra el Señor, Cristo identifica a sus discípulos consigo mismo y a sí mismo con Dios.

Sin embargo, este principio no podía ponerse en práctica inmediatamente a plenitud en un mundo que se había extraviado tanto como se nos presenta en el cuadro de Romanos, por lo tanto, De ahí que Dios introdujera gradualmente el principio, en Israel se restauró el verdadero principio. El *ius talionis*, tal y como se aplicaba en Israel, no tenía el mismo significado que el ius talionis vigente entre las naciones. No podía, ya que entre Israel se presuponía el teísmo, mientras que entre las naciones se presuponía el antiteísmo. En Israel tenemos, pues, el verdadero *ius talionis* y entre las naciones el Falso, sin embargo, el de Israel no era más que una prefiguración del castigo que sufriría

Cristo. Debido al externalismo general de la dispensación del Antiguo Testamento, la ley tenía que ser ejecutada externamente por individuos o por el gobierno; en Cristo se eliminó este externalismo, por tanto, el *ius talionis* no ha sido abrogado sino cumplido por Cristo. Y es sobre la base de este *ius talionis* que los que están en Cristo deben manifestar su perdón a sus enemigos, solo ellos pueden permitírselo, pero, ¿pueden permitírselo siempre en todas las circunstancias?

¡No pueden! Pueden en cuanto a las consecuencias para ellos mismos porque aunque mueran son del Señor y serán recibidos por él. Pero no pueden, si con su no-resistencia, derrotan el mismo propósito por el que han de ejercer la no resistencia. El propósito mismo de la no resistencia es realizar el verdadero *ius talionis* de Dios, es decir, por nuestra no resistencia queremos que los hombres acepten "la justicia de Dios" que es en Cristo. Pero así como era imposible, debido al bajo estado de los paganos, introducir este principio por completo de una vez, así también es imposible y seguirá siendo imposible introducir este principio por completo. El corazón del hombre no ha cambiado, la civilización ha avanzado mucho debido a la gracia común de Dios. Y esto hace posible que el cristianismo aparezca sin ser aniquilado de golpe, esto también ha permitido que el cristianismo desarrolle cierto impulso, pero aun así, no todos los individuos están al nivel del progreso general de la civilización. Y sobre todo si se quiere ganar realmente con la no resistencia de un cristiano, él mismo debe convertirse en cristiano, y dado que el que se encuentra en el peldaño más alto de la escalera de la gracia común aún no ha puesto su pie en el primer peldaño de la escalera de la gracia salvadora, la política de no resistencia aún puede ser derrotada cuando se pone en práctica sobre el individuo más culto.

Concluimos, pues, que cuando la práctica de la no resistencia sea más que probable que se frustre su propio propósito, no debe aplicarse. No se trata de atenuar las palabras de Cristo o de sus Apóstoles en aras de supuestas consecuencias. Pero en este caso la acción sería auto contradictoria ya que el propósito mismo de la no resistencia es ganar a los demás. Tenemos aquí un caso similar al de la predicación del evangelio y el testimonio de Cristo. Predicar el Evangelio es un mandato ilimitado y literal, pero también se dice que debemos echar las perlas a los cerdos, no sea que al girar nos desgarren.

El propio ejemplo de Cristo confirma esta interpretación, no puso la otra mejilla cuando uno de los oficiales del Sanedrín golpeó a Jesús. "Jesús le respondió: Si he hablado mal, testifica en qué está el mal; y si bien, ¿por qué me golpeas?" (Jn 18:23) Este ejemplo prueba definitivamente que Jesús no quiso decir que su precepto de no resistencia debería aplicarse siempre en todas las circunstancias. Pablo siguió una práctica similar cuando también protestó por haber sido golpeado injustamente (Hechos 23:3) y cuando exigió a los oficiales de Filipos que lo sacarán a él y a Silas de la prisión en la que habían sido retenidos injustamente. Ahora bien, si preguntamos por qué Cristo no aplicó su propio principio, la respuesta está al alcance de la mano. Si Jesús hubiera seguido su principio, habría fortalecido a sus oponentes en su maldad, eran demasiado insensibles a cualquier justicia para reaccionar de la manera prevista.

En segundo lugar, en el caso del ejemplo de Cristo y casos similares, la sociedad misma sería destruida por el control total de los hombres malvados si se llevara a cabo el principio de no resistencia. Entonces, si el propósito de la no resistencia es salvar a la sociedad, la no resistencia sería no cristiana en tales casos.

Finalmente, el principio de no resistencia debe aplicarse en consonancia con ese otro principio ya discutido, a saber, el principio de legítima defensa. No podemos permitir que otros tomen nuestra vida, si lo hiciéramos les permitiremos hacer injusticia a Dios.

Seguramente cuando este mandamiento se presenta ante el pueblo de Dios en su rico significado, se puede esperar una gran bendición para la sociedad en respuesta a la oración.

8

EL SÉPTIMO MANDAMIENTO: PUREZA

EL SEXTO MANDAMIENTO corresponde al primer mandamiento, la transgresión del primer mandamiento busca destruir a Dios como tal y la transgresión del sexto mandamiento busca destruir al hombre como tal. El noveno mandamiento se corresponde con el tercero; este último defiende el buen nombre de nuestro prójimo y el primero el buen nombre de Dios. El séptimo y el octavo corresponden al cuarto, este último defendiendo a Dios en la medida en que busca el culto externo culto y el primero defendiendo a mi prójimo en su apariencia externa. De estos dos mandamientos el séptimo es el primero, ya que nuestro cuerpo está más cerca de nosotros que nuestras posesiones.

Además de la unión de alma y cuerpo que juntos forman el misterio de la personalidad humana, Dios ha unido a los seres humanos individuales para formar una raza. El individuo humano no es completo en sí mismo, en consecuencia, Dios creó una ayuda para el hombre y formó esta ayuda como el complemento del hombre tanto en el alma como en el cuerpo; con su propia mano reunió a los dos y ordenó que de su unión naciera la raza, sólo en la raza completa podría expresarse verdaderamente la imagen de Dios en el hombre.

Estas sencillas ordenanzas de la creación tienen consecuencias de largo alcance, en ellas reside ante todo el reconocimiento de las diferencias entre el hombre y la mujer; tratar de borrar estas diferencias es contra la naturaleza. Encontramos ya en los tiempos del Antiguo Testamento que esto fue así, de ahí las ordenanzas que prohíben el intercambio de ropa entre los sexos, etc. Cada uno de los sexos tiene una esfera natural de trabajo y la intrusión de uno en el campo de trabajo del otro tiende a borrar las distinciones creadas por Dios y generalmente tiene consecuencias tristes.

En segundo lugar, la santidad del matrimonio está involucrada en la ordenanza de la creación de Dios, Dios ha puesto en la raza una atracción natural entre los sexos; pero esta atracción natural implica también una relación moral, originalmente no podía haber nada moral; se atestiguan la ausencia de todo sentimiento de vergüenza, originalmente lo natural era bueno. Deberíamos tener cuidado de distinguir este sentido del término natural del que se le suele dar, a menudo, la transgresión del séptimo mandamiento se condona sobre la base de que es tan "natural" transgredir. Ahora bien, es cierto que la transgresión del séptimo mandamiento es particularmente "natural" desde la entrada del pecado, pero esto se debe a que el pecado ha hecho que lo verdaderamente natural sea "natural" en el sentido de pecaminoso.

En consecuencia, también encontramos en tercer lugar que para obtener una idea verdaderamente bíblica de la relación de los sexos, uno no debe comenzar por admitir que algo de este "natural" antinatural sea genuina y originalmente natural. Roma comete su error aquí, todo su ascetismo y en particular su celibato del clero se basa en la suposición de que lo originalmente natural es malo hasta cierto punto; por tanto, los que han de ser más espirituales deben abstenerse del contacto con lo natural en la medida de lo posible. Así, la posición de Roma no es simplemente un regreso a la dispensación del Antiguo Testamento cuando había ordenanzas peculiares con respecto al matrimonio, etc; para el sacerdocio, por el contrario, la posición de Roma es más bien una reintroducción del semi paganismo. Las ordenanzas del Antiguo Testamento no se dieron bajo la suposición del mal inherente de la materia, sino sobre la suposición de que el hombre había echado a perder lo natural, incluso la elevación católica romana del matrimonio a la posición de sacramento no escapa a la acusación de nacer de un principio semipagano. Los sacramentos en la iglesia cristiana tienen que ver con la redención y no con las ordenanzas de la creación, y aunque es cierto e importante que la redención ha restaurado el verdadero significado de lo natural y, por lo tanto, también ha restaurado la santidad del matrimonio, esta santidad no implica sino que excluye el sacramento; precisamente porque roma no ha insistido claramente en la santidad original del matrimonio, se ha visto impulsada posteriormente a hacer del matrimonio un sacramento.

Además, la santidad de la niñez está involucrada en la ordenanza de creación. Parecería más que una fantasía desenfrenada o una alegoría injustificable ver en la familia, compuesta por padre, madre e hijo, una analogía de la trinidad. La raza humana, no simplemente el individuo humano, debe expresar analógicamente algo del misterio de la divinidad, y uno de los mayores misterios de la divinidad es la interacción eterna de las tres personas de la divinidad; por lo tanto, sólo en la trinidad de la familia podría expresarse algo de esto, así que, cualquier interferencia con el proceso de la familia humana por razones triviales es una interferencia con el plan de Dios. Parecería seguro decir que la literatura sobre el control de la natalidad de la época casi siempre está motivada por la concepción antiteísta de que la vida humana pertenece al hombre en lugar de a Dios.

Aún más, la originalidad del matrimonio monógamo está implícita en la ordenanza de creación. Este no es solo el caso porque Dios trajo a Eva a Adán como si la llevara con su propia mano. Esto es significativo. Igualmente directa es la palabra de Cristo de que las concesiones hechas con respecto a los tiempos del Antiguo Testamento no modifican en lo más mínimo las ordenanzas monógamas originales. Pero el mismo hecho de que Dios creó directamente un solo hombre y una sola mujer está detrás de estas palabras de Jesús, además hemos visto que solo mediante el matrimonio monógamo podría surgir la familia que debería ser realmente expresiva de la trinidad de Dios. Así vemos que el matrimonio monógamo precede a la revelación especial. La redención restauró también esto, pero no lo introdujo por primera vez.

No se puede observar fácilmente cuán radicalmente se opone a nuestra posición la actual concepción evolutiva del origen y la naturaleza del matrimonio y la familia. Debe observarse que la visión actual no se basa en el descubrimiento de hechos por parte de la antropología moderna. ¿Prueba la antropología que la relación sexual era originalmente promiscua? ¿Enseña la antropología que el matrimonio y la familia han surgido gradualmente a lo que ahora vemos que son desde la esfera no moral de la vida inferior? Negamos que sea así, negamos que pueda hacerlo. El clima de todo el asunto ni siquiera puede ser tocado por ninguna ciencia histórica. El quid de la cuestión debe resolverse entre el teísmo y el antiteísmo como dos sistemas filosóficos mortalmente opuestos. En lo que se refiere a los hechos, estos no militan en contra de un matrimonio monogámico original instituido por Dios.

El pecado ha causado estragos en todas las ordenanzas de Dios y ha causado el mayor estrago posible aquí. El primer capítulo de Romanos nos da una idea de los estragos causados, toda relación normal ha sido trastornada. Incluso en nombre de la religión se perpetraron las más groseras inmoralidades, y Pablo nos dice que ni siquiera se atreve a hablar de la extensión total a la que han llegado las cosas. En consecuencia, los padres de la iglesia hablaban a menudo como si la naturaleza misma del pecado pudiera expresarse en la palabra concupiscencia.

El antiteísmo no puede ver en todo esto motivo de desaprobación moral. Por ello, lo que es, es justo. A lo sumo puede hablar del detritus desfigurante de las algas de las profundidades cuando ve que la humanidad emerge lentamente de la práctica animal. En consecuencia, se emplea la máxima sagacidad para encontrar excusas para lo que es una transgresión total de la ley de Dios. ¿O qué más es el matrimonio a conveniencia? ¿Y qué otra cosa es la concepción bolchevique del matrimonio sino la conclusión lógica del motivo antiteísta en este asunto? Es sólo debido a una medida de la gracia común de Dios que ha restringido el pleno desarrollo de este principio antiteísta, debido a la gracia común en relación con los subproductos del cristianismo, la civilización ha podido hasta cierto punto encadenar a la malvada bestia del pecado. Pero se nos dice que en el futuro la medida de la gracia común se reducirá de modo que se desarrollará el caos hasta el punto de que los hombres perderán incluso su afecto natural.

Sólo con este trasfondo podemos entender el matrimonio cristiano y la familia cristiana, el cristianismo es aquí como en todas partes restaurador, esto es cierto tanto para la dispensación del antiguo testamento como para la del nuevo, la única diferencia es que durante la nueva dispensación el principio restaurador puede y debe ser realizado más a fondo. Ya hemos visto que Cristo mismo dijo que la posición inferior del Antiguo Testamento era un asunto de tolerancia debido a las circunstancias.

El corazón de la idea redentora del matrimonio es que simboliza la relación de la Iglesia con Cristo, su cabeza; y dado que Cristo restaura al hombre a Dios, el matrimonio simboliza toda la relación de pacto entre Dios y su pueblo. Es esto lo que hace que el matrimonio, si es posible, sea aún más bello y sagrado de lo que ya era como creación-ordenanza.

Solo así entendemos por qué se le da tanta importancia a la idea del matrimonio en relación con la idea del pacto durante el Antiguo Testamento. Israel, como pueblo de Dios, se presenta como la novia de Jehová. Toda la profecía de Oseas juega con este motivo, Jehová esperaba que su novia fuese inmaculadamente pura, la idolatría es fornicación, y el gran amor de Jehová se expresa en su disposición a recibir de nuevo en su seno a su cónyuge terriblemente infiel; ella no era digna de su elección en primer lugar. Y habiendo sido elegida por él, se hace confiable una y otra vez. Sin embargo, Jehová la ama y la limpia de toda impureza.

En el Nuevo Testamento se lleva a cabo la misma idea. Como un aspecto de esta idea podemos notar el énfasis de Pablo sobre el cuerpo como templo del Espíritu Santo. (1 Cor 6:19, 2 Cor 6:16) Por su Espíritu Santo, Cristo está poniendo a los suyos, a su esposa, en una relación íntima consigo mismo, para que esto se cumpla plenamente, todo el ser, tanto el cuerpo como el alma, debe pertenecer a Cristo. Por lo tanto, el Espíritu Santo mora incluso en los cuerpos de los que son de Cristo, el cristiano "no es suyo" sino de Cristo. La impureza corporal es, por tanto, un insulto directo a Cristo y su amor redentor, los que son "comprados por precio" ha confiado a su cuidado los tesoros de Cristo. Sin embargo, la tentación es tan grande justo en ese momento. De ahí el énfasis de Pablo sobre la pureza, esa pureza debe ser interna ante todo, un cristiano debe controlar especialmente sus pensamientos e imaginación. En consecuencia, debe evitar lo que sugiere el mal. La película que a veces se anuncia como "erótica, errática, exótica, fantástica, fatalista y futurista", ¿ayuda al niño o niña cristiano a ser puro en su imaginación? Y la falta de pureza interna conduce a la impureza externa de palabra o de obra, que está tan expresamente prohibida en el Nuevo Testamento. La impureza hace que un cristiano no sea apto para el trabajo que es de valor para el reino de Cristo. Retrasa o impide una vida de oración libre y, por lo tanto, una verdadera espiritualidad para el individuo y fácilmente se convierte en motivo de injuria por parte del mundo.

Sin embargo, de manera más central, aparece el hecho de que el matrimonio simboliza

la relación de Cristo con los suyos cuando con-
sideramos a la iglesia como un todo en lugar
de a sus miembros individuales. Ya hemos visto
que era el pueblo como un todo el que figuraba
como la novia del Dios del pacto en el Antiguo
Testamento. Esta misma idea llega a su clímax
final en el libro de apocalipsis, el mundo se
presenta como la gran ramera y la iglesia como
la novia, y la vida futura en gloria se presenta
como la unión ininterrumpida e inmaculada de
Cristo el novio y la Iglesia su novia.

¡Qué santo, pues, y qué hermoso es el amor,
doblemente glorificado! El que peca contra ella,
peca contra su propia vida, su Creador y su Redentor.

Inculcar esta concepción teísta cristiana del
amor y del matrimonio es privilegio de los ministros cristianos y del pueblo cristiano. Si, pues,
el pecado ha sido y es tan excepcionalmente vir-
ulento en este ámbito, parecería ser en conjunto
para hacer sonar una nota especial de advertencia contra cualquier influencia dentro o fuera
del hogar que haría más difícil vivir a la altura
de las exigencias de Cristo. El enemigo dentro
de la puerta es demasiado peligroso como para
que los cristianos jueguen con los enemigos
más allá de la puerta. Se puede mencionar una

cosa en particular. ¿Cómo puede un cristiano esperar expresar algo de la hermosa relación de Cristo con la iglesia si se casa con un incrédulo? Los matrimonios arreglados se consuman muy fácilmente en tiempos en que las líneas entre la Iglesia y el mundo son muy tenues. La mundanalidad permitida en un lugar conduce a la mundanalidad en otros lugares, de ahí el deber sagrado de los padres cristianos de proporcionar la atmósfera más sana dentro y fuera del hogar, la más limpia y mejor de las diversiones y relaciones. Es más difícil de lo que solía ser para un joven mantener su camino, sólo si se le enseña a guardarlo en todos los aspectos según la palabra, escapará de las trampas y al mismo tiempo expresará algo en esta vida de ese amor que Cristo tiene por los suyos.

9

EL OCTAVO MANDAMIENTO: PROPIEDAD

EL SENTIDO DE ESTE mandamiento se puede resumir diciendo que pide al hombre que respete, conserve y desarrolle los bienes propios y del prójimo, pero esto presupone el derecho del hombre a tener propiedad; en consecuencia, es esta presuposición la que debe probarse primero. Ahora bien, para hacer esto debemos volver a la creación en primer lugar, cualquier cosa que sea lógicamente deducible con respecto al hombre y su esfera de actividad por el hecho de que es una criatura puede decirse que está bien fundamentada en las Escrituras como cualquier cosa podría estarlo; entonces, dado que el hombre fue hecho alma y cuerpo, necesita una esfera externa en la que pueda actuar libremente, necesita esta esfera en conexión y en conjunto con los demás ya que juntos forman la unidad, pero también necesita una esfera para sí mismo donde pueda desarrollarse con relativa independencia, la propiedad da libertad para la actividad racional y moral.

El pecado hizo que el hombre negara que era una criatura sujeta a las leyes de Dios. En consecuencia, consideraba que este mundo estaba simplemente allí de alguna manera. Por lo tanto, dependía de cada hombre captar de ella lo que pudiera. Además, cuando uno había logrado apoderarse de una parte de ella, sentía que podía hacer con ella lo que quisiera sin responsabilidad hacia sus semejantes o hacia Dios. El resultado fue que si alguien, debido a su fuerza, lograba obtener para sí mucha tierra, desarrollaría una teoría del derecho de propiedad que era una falsificación de la teísta. Diría que era necesario para la sociedad; esto es cierto, pero no es la base final del derecho de propiedad, ya que no hay razón por la que la sociedad deba existir a menos que sea para Dios. No era de extrañar entonces que el engrandecimiento no conociera límites. Cuando se inventó el dinero para convertirse en representante o incluso en sustituto de la propiedad, aumentó la exaltación de la propiedad. Especialmente cuando debido al aumento del comercio y el comercio se podía hacer que el dinero aumentará por mera inversión, permitía a los hombres actuar como verdaderos dioses sobre la tierra, los menos afortunados que ellos mismos fueron despreciados y reducidos a piezas de propiedad. La esclavitud fue el resultado natural del abuso del legítimo derecho original a la propiedad, en la esclavitud la cosa ha llegado realmente a su clímax, se desarrollaron dos extremos; los extremadamente ricos perdieron todo sentido de la responsabilidad y los extremadamente pobres perdieron todo sentido del respeto por sí mismos, considerarse propiedad de Dios es ennoblecedor; saberse esclavo del pecador egoísta es degradante.

Así surgieron las guerras de clases y estaban relativamente justificadas, si ninguna de las partes reconoció a Dios como creador, es el procedimiento lógico y totalmente legítimo organizarse y usar la fuerza para hacerse espacio para uno mismo. El mundo es entonces una batalla campal. El poder es el derecho. Fue sobre este principio que los ricos propietarios, fabricantes y financieros han trabajado a menudo. Hipócritamente, o bajo una ilusión defendieron su posición con un lenguaje piadoso, más directo y más lógico. Karl Marx escribió su "*Das Kapital*" en él abrazó francamente una filosofía de la historia materialista y, por lo tanto, necesariamente la hipótesis de la evolución ha fortalecido aún más sus ideas. El hombre y por tanto la moralidad y la racionalidad han derivado de lo amoral e irracional, sólo la utilidad puede impedir que los hombres busquen apoderarse de todo. Los gobiernos, ellos mismos derivados de tal sociedad, no tienen mayor poder que el derivado de la sociedad, por lo tanto, tales gobiernos solo pueden advertir a dos lobos que sería desventajoso devorarse uno al otro.

La razón por la cual todo esto no ha logrado la destrucción de la sociedad se debe a la gracia común de Dios pues esta ha refrenado el pecado de los hombres, sólo de vez en cuando aparece un Lamech o un Nietzsche, a la mayoría de los hombres y especialmente a los hombres con alta autoridad, Dios les ha dado en su gracia un sentido de honestidad y responsabilidad, incluso ha hecho que estas bendiciones de la gracia común se desarrollen a lo largo de los siglos, de modo que se hayan desarrollado gobiernos y sociedades más ordenadas. Sin embargo, a medida que pasa el tiempo y los hombres demuestran plenamente su indignidad incluso de estas bendiciones temporales, los días de Noé regresarán y oiremos de guerras y rumores de guerras, cuando los hombres hayan perdido su "afecto natural" serán adúlteros, ladrones y mentirosos, la ironía del infierno será que los hombres buscarán ejercitar al máximo todos estos "dones" suyos pero no encontrarán campo para ejercitarlos.

A este mundo de pecado vino el principio redentor saliendo de Cristo su centro, Restaurando en principio la verdadera idea de propiedad, vemos esto ya en el Antiguo Testamento y más plenamente en el Nuevo. El primer punto que necesita restauración es la idea misma de la creación, una vez hecho esto, los abusos de los ricos y la insatisfacción de los pobres desaparecerán naturalmente. "Y la tierra no se venderá a perpetuidad; porque mía es la tierra; porque forasteros y advenedizos sois conmigo" (Lv 25,23). Si la tierra es del Señor y en consecuencia todo lo útil para el hombre es del Señor, el hombre no puede ser más que un mayordomo que ciertamente tendrá que dar cuenta de su mayordomía. Ciertamente, en ese caso un hombre no puede reducir su igual a una propiedad. Su prójimo tiene derecho a la propiedad con él. Durante el Antiguo Testamento, este principio aún no podía aplicarse plenamente. Por lo tanto, a los judíos todavía no se les prohibía directamente reducir a los extranjeros a la esclavitud, solo en los tiempos del Nuevo Testamento este principio pudo expresarse más plenamente. De manera similar, durante la dispensación del Antiguo Testamento, los excesos de riqueza y pobreza fueron controlados por la regulación de que cada siete años la propiedad debería revertirse a sus dueños originales o a sus herederos.

En la época de Jesús, así como en otros tiempos, los judíos habían abusado tristemente de estas ordenanzas teocráticas y teístas de Dios. Los fariseos habían añadido tantas cargas a las prescritas en el Antiguo Testamento que el pobre nunca podía esperar llevarlas, en consecuencia, la mayor parte de los pobres no tenían corazón y estaban desanimados. ¿Qué hizo Jesús en medio de todo esto?

Hizo lo que esperaríamos que hiciera como restaurador del teísmo. No necesariamente se expresa plenamente sobre el asunto, no hizo esto con respecto al sábado tampoco, en ambos casos dejó mucho para que sus seguidores lo descifraran más tarde; sin embargo, los principios son claros.

Las declaraciones de Jesús que tienen una relación directa con la pregunta corroboran nuestra expectativa de que buscará restaurar un teísmo verdadero. "Nadie puede servir a dos señores; porque o aborrecerá al uno y amará al otro; o servirá a uno y menospreciará al otro. No podéis servir a Dios y a las riquezas" (Mt 6:24). "Y yo os digo: Ganad amigos por medio de las riquezas injustas, para que cuando éstas falten, os reciban en las moradas eternas." (Lc 16: 9). "Si, pues, en las riquezas injustas no fuisteis fieles, ¿quién os confiará las verdaderas riquezas?" (Marcos 16: 11). "No podéis servir a Dios y a las riquezas." Marcos 13. Con el término riqueza se entiende cualquier cosa de valor terrenal, es decir, propiedad en general y dinero en particular. Jesús reconoce ante todo que es legítimo y necesario tener dinero, si esto no fuera así, no podría haber recomendado su uso como un medio para adquirir amigos; simplemente da por sentada la ordenanza de la creación, tal como había sido reexpresada en las palabras del Antiguo Testamento, "la tierra es mía". En segundo lugar Jesús reconoce el abuso que se hace de lo que en sí mismo es legítimo, cuando los hombres negaron que Dios era el dueño del dinero, entonces el dinero se convirtió en su Dios; contra tales Jesús dice que no pueden servir a dos señores, su propia práctica estaba de acuerdo con su principio expresado, no hay evidencia de que Jesús y sus discípulos fueran muy pobres, tenían una bolsa y a veces socorrían a los pobres. Tampoco era un soñador sin ojos para las necesidades sociales, ayudó al centurión rico y al pobre enfermo de Betesda, al rico Jairo y al pobre Bartimeo. El rico no "levantó los ojos en el tormento" porque era rico, sino porque había despreciado a Moisés y a los Profetas que le dijeron que hiciera un buen uso de sus riquezas. Sin embargo, Jesús, en esta parábola y también en su recomendación al joven gobernante rico, indicó que las riquezas son una gran tentación a la cual el que posee riquezas cederá fácilmente a la pérdida de su propia alma. Cualquiera que haya sido la razón específica del requisito de Jesús de que el joven rico vendiera todo lo que tenía, está claro que Jesús consideró necesario que este hombre en particular dispusiera de su riqueza para ser un discípulo de Jesús. La negativa del joven rico muestra no solo que no estaba listo para dar todo por Jesús, sino que no estaba listo para dar nada a Jesús, Consideraba su riqueza como exclusivamente y no derivativamente suya. Las riquezas no son malas en sí mismas, pero fácilmente se vuelven malas para el hombre pecador.

Vemos entonces que lo importante que deben observar los cristianos con respecto a la cuestión de las posesiones es que la propiedad privada debe ser respetada, protegida y desarrollada. Todos los medios legítimos que faciliten esta tarea deben ser alentados y respaldados. Las condiciones de vida totalmente antinaturales en las ciudades modernas tienden, como vimos, a facilitar la ruptura de todos los mandamientos y especialmente los mandamientos que pertenecen directamente a la vida social. El robo individual y los delincuentes tienen una maravillosa oportunidad de operar en las grandes ciudades en la medida en que la centralización de la manufactura y la industria sea inevitable, deben tomarse medidas que hagan posible tal centralización y sean compatibles con la protección de la vida y la propiedad, por lo tanto, el predicador del evangelio no predicará solamente "el evangelio social", sino que ciertamente proclamará a los hombres el mensaje del cristianismo con respecto a la vida social. Ese mensaje es que los hombres deben ser teístas. Si lo son, el problema del capital y el trabajo, del socialismo y el comunismo no se resolverá completamente de golpe, pero se resolverá en principio, un capitalista teísta no puede reducir a su prójimo a una propiedad, un trabajador teísta reconocerá las diferencias creadas entre los hombres y se saciará con su pan de cada día, claro , mientras dure el peca-do, las consecuencias del pecado durarán, el trabajo duro será necesario, y los hombres buscarán escapar de él transfiriéndolo a otros por lo tanto, puede ser necesario que otros se organicen y protesten. Y sobre todo porque sabemos muy bien que no todos los hombres tienen fe, será no sólo necesario que los que la tienen digan a los que no la tienen que ellos que también tienen fe, sino que también será nece-sario utilizar todos los esfuerzos legítimos para hacer la vida, tal como es, tan tolerable como sea posible. El cristiano debe ayudar a eliminar la injusticia del hombre hacia el hombre, desde la entrada del pecado el hombre ha sido el lobo del hombre.

¡Ay del pobre modernismo! Ha pensado acercar el mensaje de Jesús a los hombres al abandonar la especulación sobre doctrinas tan "abstractas" como la de la creación, ha reescrito "la teología como ciencia empírica". Busca realmente ayudar a las necesidades sociales con "el evangelio social", pero su negación del teísmo del cual la creación es el punto directamente significativo ha hecho imposible que el modernismo pueda ofrecer algo a la lucha entre el capital y el trabajo que no sea lo que el capital y el trabajo ya conocen muy bien, a saber, que el poder hace el bien. El modernismo sabiamente se ha limitado en gran medida a lo externo porque realmente no puede tocar lo interno, puede salvar la superficie pero no operar para las principales enfermedades internas, solo el cristianismo ortodoxo tiene un mensaje real para quienes están comprometidos en "la lucha por la existencia".

El mensaje final que trae es la promesa del futuro, el modernismo ha enfatizado el hecho de que debemos ayudar a los hombres en esta vida en lugar de consolarlos con la perspectiva de la siguiente. El triste resultado ha sido que el modernismo no ha tenido ningún mensaje, ni para esta vida ni para la próxima. El que no tiene mensaje para la siguiente vida, no puede tener mensaje para esta vida, si no hay otra vida, no hay mensaje de nadie para nadie sobre nada; idealistas de todas las épocas han sentido la necesidad de un "Más Allá". Las "Ideas" de

Platón, el "Noúmeno" de Kant y el "Absoluto" de Hegel son evidencia de los vanos esfuerzos de idealización realizados por el hombre aparte de Dios. Las utopías han sido abundantes. Pero ninguno ha ofrecido ninguna ayuda genuina. Todos ellos han buscado una cosa absoluta en lugar de una Persona absoluta. Ninguno ha estado dispuesto a admitir que el hombre ha traído el mal sobre sí mismo, así que, sólo el cristianismo ofrece alivio. La seguridad de la justicia futura permite que los pobres que están en Cristo permanezcan "puros de corazón", el alivio es suyo, un consuelo genuino, como el mundo no conoce ni puede entender. Queda un descanso para el pueblo de Dios.

10

EL NOVENO MANDAMIENTO: LA VERDAD

PODEMOS RESUMIR EL significado de este mandamiento diciendo que requiere de nosotros que respetemos, mantengamos y desarrollemos el buen nombre de nosotros mismos y de nuestros prójimos, el significado literal de las palabras se refiere a jurar en falso en la corte, esto es, de acuerdo con la forma de promulgación de las demás leyes que cada vez menciona la forma más extrema de transgresión. En este caso, como en los demás, debemos retroceder desde esta forma extrema de transgresión al estado de cosas original para determinar cuál era el requisito positivo, aunque no expresado, en ese momento.

Ahora bien, para hacer esto debemos observar que el hombre como criatura de Dios y como portador de la imagen de Dios debía dar interpretación al universo. Debía tratar de profundizar cada vez más en la naturaleza de la realidad creada, de la que él mismo formaba parte. Dios ha expresado sus ideas, su plan en este universo creado. Estos pensamientos de Dios, que son la verdad del universo creado, buscarlos eran el privilegio del hombre. Esa iba a ser la ciencia del hombre, y allí había un espacio infinito para la expansión. Además, había una garantía real de progreso. El universo creado era el producto de la interpretación de Dios; por lo tanto, el hombre podía estar seguro de que su propia interpretación era correcta si sólo correspondía a la de Dios. Si así fuera, el hombre tendría coherencia para sí mismo como Dios tenía coherencia para sí mismo. Así, el verdadero método científico debía ser la implicación en la interpretación de Dios, no habría ni inducción pura ni deducción pura, lo universal y lo particular siempre existieron juntos. Ningún detalle de la existencia fue de referencia en el universo creado, la mente del hombre y, en última instancia, su centro de referencia en la mente de Dios.

El hombre amaría la verdad porque la verdad es una expresión de la mente de Dios y, en última instancia, es Dios. Habría cooperación con el prójimo porque cada uno estaba capacitado por el mismo amor a Dios.

Entonces, en una hora mala, el hombre dejaría de ser hombre. Él desearía ser como Dios. Ya no amaba a Dios. Se hizo a sí mismo en lugar de Dios el centro de referencia en lo que ahora llama su búsqueda de la verdad, el diablo había enseñado a los hombres a buscar la verdad más allá de Dios, tenía ante el hombre la ilusión de que uno posiblemente podría ser como Dios ¿No había posibilidades más allá de Dios? El hombre debía experimentar, ya no debe vivir según el *ipse dixit*, la historia iba a demostrar lo que era verdad.

¿Cuál fue el resultado? Fracaso y ruina. El hombre intentó ser lo que no podía ser, era una criatura y no podía serlo más si había de existir un Dios. El hombre se rebeló contra esta verdad metafísica, se ha constituido a sí mismo como un Dios. Era él, en lugar de Dios, el que se convertiría en el último estándar de la verdad, consideró que su pensamiento era tan original y tan inclusivo como el de Dios, esta fue la mentira, la mentira es autocontradictoria, el hombre se convirtió en una casa dividida contra sí mismo, cuando dijo que podría ser como Dios, dijo que esa posibilidad era superior a Dios; así se degradaron las leyes de Dios, su plan, en una palabra, su afirmación. Frente a ella se oponía una negación igualmente fundamental, eso parecía tan inocente. Sin embargo, debido a que Dios es la afirmación última, ninguna negación puede ponerse a su nivel. El intento de hacerlo no es más que una negación rotunda de la afirmación de Dios. Fue esto lo que una criatura hizo. El diablo lo hizo originalmente. Por lo tanto, él es el espíritu completamente auto-contradictorio, se contradice a sí mismo porque contradice a Dios. Una criatura es por definición determinada. No puede vivir sino en la atmósfera del plan de Dios. Que una criatura intente vivir una existencia indeterminada implica su destrucción, se elimina la atmósfera exterior, se encuentra en un vacío. El infierno es el único vacío completo, por lo tanto, en el libro de Apocalipsis ningún sonido perturbador penetró desde él para perturbar la gloria del cielo nuevo y la tierra nueva. Esto no se debe a ningún recinto artificial, se debe a la parálisis de los ocupantes del vacío, el diablo es la mentira metafísica.

No es de extrañar que cuando el hombre se identifica con la mentira metafísica caiga en la mentira lógica. Ha cometido errores y errores lamentables en sus esfuerzos "científicos". Debería haber estado mucho más avanzado de lo que está, Abraham en lugar de Edison debería haber descubierto el filamento de tungsteno. Lindbergh llegó miles de años más tarde. El hombre trató de estudiar los hechos aparte de Dios por ende, nunca encontró el verdadero universal en la experiencia humana. No buscó más universal último que el que la mente del hombre pudiera suministrar por sí misma. Y dado que la mente del hombre no puede, por ser creada, funcionar ni siquiera como un universal secundario a menos que esté relacionada con Dios, el Universal último, no se trajo unidad a la experiencia. La coherencia se hizo imposible para el hombre porque buscaba la coherencia sin la correspondencia con Dios, las cosas no corresponden ni podían corresponder al falso marco del pensamiento pecaminoso.

De ahí que también en tercer lugar el hombre se volviera a la mentira ética, a la falsedad, al mal en la materia superficial de la relación del pensamiento y el habla, con las cosas que conoce, no podría ser de otra manera, se había apartado de Dios; ya no amaba a Dios, por lo tanto, ya no se respetaba a sí mismo ni a su prójimo por causa de Dios. En consecuencia, cuando ya no es fiel a Dios, ya no concibe la necesidad de ser fiel a sí mismo o al prójimo, así la sociedad se volvió falsa. También debemos observar que el estado real de las cosas, sin duda, no responde plenamente a esta imagen. Si lo hiciera, tendríamos un infierno, pero que no lo hagamos no se debe al hombre. Dios envió su gracia común. Esto es lo que le da al hombre algún sentido de verdad metafísica, ha sentido cierta necesidad de un más allá como centro de referencia; víctima de la lógica del idealismo. Esto también le ha dado al hombre algún sentido de la verdad lógica, sus esfuerzos científicos han hecho algunos avances aunque torpemente, esto finalmente le ha dado al hombre algún sentido de la verdad ética. La persona promedio no miente por mentir, tiene algo de autoestima y sentido de la veracidad, en la sociedad uno puede encontrar a veces incluso una gran medida de veracidad pero todo esto no afecta en lo más mínimo la afirmación de que en el fondo de su corazón el hombre se ha aliado con el mentiroso desde el principio contra la verdad desde la eternidad, Jesús les dice a los fariseos que hablan las cosas de su padre cuya misma naturaleza es la mentira

Por tanto, cuando el mandamiento de la veracidad nos llega en la ley, no nos viene para avivar las brasas de la gracia común, sino para hacer fructificar el don de la gracia especial. Cierto, es el deber de todo hombre ser veraz, Dios no rebaja ni suelta su demanda sólo porque el hombre se haya hecho impotente para cumplirla. Todos los hombres deberían poder, por lo tanto, todos los hombres deben ser cristianos, pero el mandato viene principalmente a aquellos que son redimidos para que lleven a cabo la verdad que está en ellos.

En Cristo, el hombre es restaurado ante todo a la verdad metafísica, el hombre se reconoce de nuevo como criatura de Dios, a través de Cristo busca el punto de referencia final para toda su vida en Dios. El hombre es sacado del vacío, El Espíritu Santo le ha servido como su respirador, lentamente el hombre aprende a respirar conscientemente. Su experiencia determinada revive de nuevo, pronto opera y opera fructíferamente, el nuevo hombre en Cristo está "establecido en los lugares celestiales" Eso es para él el aire puro que respira.

Así el hombre vuelve a progresar, ahora está en la atmósfera de la verdad tanto lógica como metafísica, difícilmente pueden separarse uno del otro. Su progreso será lento al principio, el período adolescente será el período de su vida presente, A partir de entonces hará sus pasos rápidos; el cielo nuevo y la tierra nueva serán suyos y suyos para explorar.

La principal cosecha que se cosechará en esta vida es la veracidad ética. El cristiano, es decir, el ser humano determinado, nunca puede, ni siquiera en lo más profundo de su pensamiento, pensar en sí mismo sino en presencia de la Verdad. Los ojos de aquel con quien tenemos que tratar no conocen la oscuridad. Los rincones más oscuros de nuestro corazón, a menudo ocultos para nosotros mismos, están abiertos y desnudos para él. Los siete espíritus de Dios buscan hacer que incluso las profundidades turbulentas de nuestras almas reflejen plenamente la verdad, por eso aprendemos a amar la verdad, la verdad nos hace libres de la esclavitud de la mentira.

Como deberes específicos entonces podemos enfatizar esta veracidad interna con nosotros mismos. El autoexamen es nuestra tarea diaria, y este autoexamen debe tener como norma la palabra de Dios. Los no cristianos también hablan de autoexamen, sin embargo, sus resultados son siempre autoexaltación o autodestrucción. La razón de esto es que el mundo no tiene un verdadero estándar de autoexamen, pueden tomar a Jesús como un hombre ideal o algún otro ideal. El cristiano tiene la exigencia absoluta de la Palabra, sabe que el ideal es la perfección: "Sed, pues, vosotros perfectos como vuestro Padre que está en los cielos es perfecto". Sabe que está lejos, cada vez más lejos de haber alcanzado esa meta, eso lo mantiene humilde; pero también sabe que la gracia de Dios está en su corazón y que, por lo tanto, no necesita desesperarse. Un día será perfecto, la liberación del pecado y el pleno conocimiento de la verdad ante él. Por lo tanto, él se esfuerza noblemente.

Por lo tanto, deberíamos estar siempre más preocupados por lo que Dios piensa de nosotros que por lo que el hombre piensa de nosotros. El mundo nos dice que somos un pueblo peculiar, es decir raro, no nos gusta ser considerados así y somos tentados a conformarnos al mundo hasta donde nos atrevemos. Nos preguntamos si podemos hacer esto y aquello como cristianos, especialmente en este asunto con todo tipo de placeres mundanos. En cambio, Dios nos dice que debemos atrevernos a ser un pueblo "peculiar", para que podamos mostrar las excelencias de aquel que nos ha trasladado de las tinieblas a su luz admirable. Algunos de los líderes de los judíos creían en Jesús en secreto, "porque amaban más la gloria de los hombres que la gloria de Dios" (Jn 12:42). Así que no nos atrevemos a alinearnos con causas impopulares, especialmente cuando el odio que se vierte sobre nosotros vendría de los que profesan el cristianismo.

Luego, en segundo lugar, no solo debemos respetarnos a nosotros mismos como portadores de la verdad, debemos mantenernos y desarrollarnos como tales. El autoexamen puede ayudar también para esto en cuanto nos señala el ideal. Pero sobre todo rindiéndose al Señor que es el Espíritu (2 Cor 3: 18) al fijar nuestros ojos en Aquel que es la Verdad "somos transformados en la misma imagen de gloria en gloria". Cuando si en nuestro camino de progreso se encuentran estos que pretenden entrometerse, es posible que tengamos que defender nuestra reputación. Los falsos hermanos pueden tratar de retrasar nuestro progreso porque nuestro progreso honra a Cristo, por lo tanto, por el honor de Cristo debemos defendernos. Este es especialmente el caso si Cristo nos ha honrado al darnos un oficio en su iglesia, en ese caso,

Satanás hará todo lo posible por difamarnos a nosotros para difamar a Cristo; Pablo nos brinda una excelente ilustración de qué hacer en tal caso recibió una cantidad excepcionalmente grande de burlas por parte del adversario porque hizo una obra excepcionalmente grande por Cristo a través del excepcional oficio del Apostolado. Era su Apostolado lo que el enemigo ridiculizaba, decían que era un hombre de imaginación salvaje obsesionado con una idea fija. ¿Qué hace Pablo? Estaba dispuesto a soportar mucho más pero cuando su oficio es atacado, clama: "¿No soy yo un apóstol? ¿No he visto a Cristo el Señor?". "En verdad, las señales de un Apóstol fueron hechas entre vosotros con toda paciencia, con señales, prodigios y milagros" (2 Cor 12: 12).

Mientras tanto, el cristiano no debe presentarse como más de lo que es ni, por otro lado, rebajarse innecesariamente ante los ojos de los hombres. Y especialmente debe aumentar en la veracidad común que incluso los incrédulos manifiestan, ocurre con demasiada frecuencia que los cristianos son menos confiables en los negocios que los no cristianos. Pronto los cristianos han desarrollado conciencias muy flexibles con respecto a las cuentas de la tienda de comestibles, pesos y medidas, y la honestidad general de los negocios, bueno, esto es una vergüenza para Cristo, le da al mundo muchos motivos para blasfemar el nombre sagrado que está sobre todo nombre.

Similares a las obligaciones con respecto a nosotros mismos son nuestras obligaciones con respecto a nuestro prójimo. En primer lugar, debemos pensar sinceramente acerca de ellos, esto no significa que debamos considerar a todos por igual; eso sería no pensar con sinceridad. Sabemos que algunos no tienen la verdad, sabemos que en el fondo aman la injusticia, aun así, sabemos que por la gracia común puede practicar cierta veracidad general, por lo tanto, debemos "gozarnos en la verdad". 1 Cor 13:6 Debemos "creer todas las cosas", es decir, creer todas las cosas buenas en lugar de las malas, la sospecha infundada no es cristiana.

En segundo lugar, debemos hablar con la verdad a nuestro prójimo y sobre él, el pensamiento se expresa en el habla, lo que decimos debe corresponder y ser expresivo de lo que pensamos; por lo tanto, si sabemos que uno es un buen hombre, no nos atrevemos a decir que es un mal hombre o que no es del todo un buen hombre. Por otro lado, si sabemos que uno es un hombre malo, no podemos, por nuestro propio interés o el de él, especialmente ante la corte, decir que es un buen hombre. "Estas son las cosas que habéis de hacer: Hablad verdad cada cual con su prójimo; juzgad según la verdad y lo conducente a la paz en vuestras puertas. Y ninguno de vosotros piense mal en su corazón contra su prójimo, ni améis el juramento falso; porque todas estas son cosas que aborrezco, dice Jehová." (Zacarías 8:16–17). Así, el chismoso que no cuenta sobre una base más sólida que la de "*fema*" toda clase de historias sobre el señor Fulano de Tal y especialmente sobre el reverendo Fulano de Tal, hace cosas que el Señor odia. Porque es especialmente con respecto a aquellos que están en una oficina del estado o de la iglesia que debemos tener cuidado, su reputación significa mucho para la sociedad. En el Antiguo Testamento los jueces son llamados "*elohim*"; (Ex 21:6) y especialmente Sal 82:8, al que se refiere Jesús en Juan 10:32: "¿No está escrito en vuestra ley: Yo dije: dioses sois?" Los jueces eran llamados dioses porque eran representantes de Dios y Dios habló a través de ellos. Y en cuanto a los que tienen oficio en la Iglesia, representan a Dios en Cristo. De ahí el mandato de Pablo de tener especial cuidado con la reputación de aquellos que eran ancianos, es decir, gobernantes en lugar de Cristo. Así que, en todos estos casos, si otros han hablado mal, debemos hacer que ese mal no tenga ningún efecto. Buscar acabar con los falsos rumores puede ser una tarea difícil, pero una tarea al fin y al cabo.

Todavía nos espera una tarea más difícil cuando observamos que es nuestro deber hablar con los demás y especialmente con nuestros hermanos cristianos acerca de su deber de ser veraces, esto es más difícil cuando obviamente han fallado en este aspecto. La actitud de "soy el guardián de mi hermano" no es cristiana. Esta tarea es más difícil si el ofensor es un alto funcionario, pero más necesario es que cumplamos nuestra tarea, sólo así podemos buscar no solo el respeto sino también el desarrollo de la veracidad acerca de nosotros.

Para los funcionarios y especialmente para los ministros, es necesario recordar en esta coyuntura que para desarrollar la veracidad deben tratar de obtener confesiones de falsedad mediante un método amistoso y discreto. Ser más *suaviter* de modo que beneficia a quien vive en una casa de cristal. Cualquier pretensión de perfección en los logros repelerá en lugar de atraer, así uno no desarrolla, sino más bien retarda el desarrollo de la veracidad. Al mismo tiempo, el secreto puede ser necesario. La Iglesia Católica Romana, con su doctrina del *sigillum confessionis* prohibió a su sacerdocio revelar los secretos que le sean revelados. Ahora bien, hay situaciones concebibles en las que el secreto sería un pecado, suponga que alguien le revelara un plan de asesinato; en tal caso, el perpetrador ha roto las relaciones con la sociedad y no tiene derecho a esperar otra cosa que el castigo de la sociedad.

Aún más, si ha de haber un desarrollo general de la veracidad en la sociedad, sus miembros no pueden emplear en sus relaciones ninguna *reservatio mentalis*.

No siempre es necesario decir todo lo que sabemos, Prv. 3:7, Prv. 29:11 pero lo que se entiende por reserva mental es el intento deliberado de engañar al no decir toda la verdad. Por ejemplo, alguien puede preguntarle sobre algo que usted no desea revelar, le responde diciendo que no sabe del asunto, y luego mentalmente reserva el pensamiento "como algo que es público", tal reserva mental es deshonestidad y produce deshonestidad.

Pero alguien dirá que hacemos esto porque es útil para la sociedad, sobre esta base muchos moralistas han defendido el *mendacium officiousum*, es decir, la mentira de la necesidad. Las razones para la defensa son (a) que tales mentiras se hacen con un buen propósito, (b) que evitan un mal mayor, y (c) algunas veces deben emplearse cuando uno enfrenta una colisión de deberes. Además, se cita el ejemplo de las Escrituras para probar que es permisible, las parteras de los israelitas que engañaron a faraón fueron bendecidas, Dios mismo le dijo a Moisés que no pidiera para Israel más que un viaje corto al desierto, Rajab, la ramera que escondía a los espías, se mantuvo con vida cuando otros fueron asesinados, Bahurim escondió a los espías de David en un pozo y fue bendecido 2 Samuel 17. Ahora bien, en cuanto a las razones dadas, no son concluyentes, en cuanto a la buena intención, respondemos que el fin no justifica los medios. Que eviten un mal mayor no lo podemos aceptar, pueden evitar lo que nos parece un mal mayor, pero incluso Sócrates sabía que perder la vida no es un mal tan grande como buscar la desaprobación de los dioses. Tampoco estamos realmente ante una colisión de deberes. Nuestro pensamiento de que lo estamos suele deberse a la falta de oración y estudio de las Escrituras. Y si hemos sido fieles en estos asuntos, al cristiano le queda poca duda de que está andando en los caminos del Señor. Luego, en cuanto a los ejemplos de las Escrituras, no tenemos ninguna garantía de que las parteras fueran bendecidas a causa de su engaño; fueron bendecidas a pesar de ello por su fe. En segundo lugar, Moisés debía probar el corazón del faraón con una pequeña petición, si lo hubiera concedido, se habría abordado el asunto más importante, al ver que no lo concedió, no había necesidad de abordar nada más. El caso de Rajab es similar al de las parteras, ella fue la única que tuvo fe y fue salvada por eso. Finalmente, en el caso de Bahurim, tratamos con una estrategia marcial y no hay seguridad de que haya utilizado el engaño, por lo tanto, no vemos en estos ejemplos ninguna razón para desviarnos del más estricto principio moral que siempre ha condenado la mentira de la necesidad.

La mentira de la necesidad quizás se practica con mayor frecuencia en el caso de una enfermedad grave, ahora admitimos, por supuesto, que la condición mental es importante, por lo tanto, debe evitarse la rudeza innecesaria.

Pero supongamos que un incrédulo está enfermo de muerte ¿Es misericordia para él ocultarle ese hecho? El conocimiento del hecho podría llevarle al arrepentimiento mientras que el desconocimiento del hecho podría llevarle a confiar de nuevo en su falsa esperanza. Y en cuanto al cristiano, él también tiene derecho a morir de la forma más consciente posible. Sin duda surgirán casos difíciles, pero ¿Qué cristiano se atreverá a decir que la gracia de Dios honrará alguna vez las medidas que son impías?

Muy diferente es el caso del *mendacium iocosum*, es decir, el engaño por diversión. Estrictamente hablando, eso no es un engaño, el don de la imaginación ha permitido al hombre crear mundos fantásticos que han deleitado su alma, el mundo de la ficción se basa en él. Así también en la vida social la conversación puede ser animada por réplicas que involucren el *mendacium iocosum*. Sin embargo, deberíamos observar que una indulgencia libre de lo imaginativo y romántico a menudo nos hace perder hasta cierto punto nuestro sentido de la veracidad sobria y nuestra aptitud para tratar con el prosaico mundo de la realidad; incluso los escritores no cristianos han admitido que las presentaciones cinematográficas fantásticas, fatalistas y futuristas han ayudado a preparar a la juventud de nuestra nación para muchas carreras de crimen y especulación. El atractivo del dinero "fácil" en lugar del "honesto" y el atractivo del placer "fácil" en lugar del "honesto" han sido evocados a menudo por una ocupación desproporcionada de lo anormal.

Incluso el *mendacium humilitatis*, que generalmente se considera nada más que el aceite que suaviza las articulaciones que crujen de la sociedad, puede a veces ser apenas distinguible de la hipocresía. Demasiado a menudo los que son más educados te golpean en la quinta costilla" mientras tanto. Aquí hay una clave de oro a la que aspirar: El que quiera ser cristiano debe recordar las palabras de Jesús: "Yo soy la Verdad".

11

EL DÉCIMO
MANDAMIENTO:
EL DESEO

Se ha señalado en relación con cada mandamiento que el significado literal de las palabras usadas en cada caso no agota en absoluto
la importancia del propósito de Dios. El Estado
no puede esperar más que obediencia externa,
pero Dios no está satisfecho con eso, Él quiere
la perfección interna ante todo.

En este décimo mandamiento, Dios llama una vez más la atención particular sobre
este hecho. El carácter distintivo de este mandamiento no se encuentra en los objetos con
respecto a los cuales está prohibido el deseo; estos objetos están cubiertos por el octavo mandamiento, lo distintivo de este mandamiento
se encuentra más bien en su énfasis específico
sobre la necesidad de la perfección interior.

Dios había creado al hombre internamente perfecto. Cualquiera que sea el nombre con el que queramos designar lo que es más íntimo y, por tanto, a los mandos de la vida humana, este aspecto más íntimo de la personalidad humana fue creado bueno, cabe resaltar que el pensamiento antiteísta debe negar este hecho; para este no puede haber bondad ética sino después de haber obrado la voluntad, sólo la operación de la voluntad puede producir "naturaleza" o carácter. Ahora bien, se puede afirmar con seguridad que, en tal caso, ningún carácter o naturaleza sería capaz de desarrollarse en la medida en que el sujeto de la acción se situaría en el vacío, sin proporcionarle ningún poder impulsor. Todo sujeto de acción debe tener una "naturaleza" según la cual actúa o morirá de hambre como el proverbial burro entre dos cubos de heno sin poder elegir de qué comer. En resumen, una criatura sin carácter no sería criatura; ya estaría metafísicamente desprendido de Dios, el único en quien puede vivir, moverse y tener su ser.

No es incompatible con esto decir que la Biblia misma reconoce el valor y la necesidad de la elección humana para que se desarrolle el carácter. Concedemos esto de inmediato, el punto es, sin embargo, que si se va a desarrollar algo, debe estar allí desde el principio; lo moral no puede desarrollarse a partir de lo no moral. La evolución habla mucho de "fuerzas inherentes" mediante las cuales busca mantener la continuidad entre lo moral y lo no moral, entre el hombre y el animal, por otro lado, enfatiza la elección del individuo separado de su naturaleza como la fuente de la diferencia real entre lo moral y lo no moral; esta es una manifestación de la autocontradicción en la base del pensamiento no teísta. El teísmo evita esta dificultad, sólo el teísmo da a la voluntad del hombre un significado genuino porque sólo le da a esa voluntad un campo de acción. Sería bueno que los arminianos ortodoxos se dieran cuenta de que están jugando rápidamente en las manos de los antiteístas con su posición a medias en este punto. No hay poder mordaz contra el enemigo en una posición que cede a medias

Decimos, pues, que la ley de Dios fue escrita en el corazón del hombre en el momento de la creación. En sus deseos más íntimos, en las fuerzas controladoras de su personalidad, el hombre estaba dispuesto a operar hacia Dios. La relativa prioridad del intelecto, la voluntad y los sentimientos no tiene gran importancia en este sentido. ¿El subconsciente controla en gran medida al consciente? Está bien. ¿Enfatizaría con la psicología moderna la importancia de los instintos? Está bien. ¿Haría hincapié en algo más? Está bien. Sea lo que sea que considere la profundidad más profunda de la personalidad humana, es allí donde Dios quiere que sea puro; y a menos que Él hubiera creado al hombre puro y justo en ese punto, es decir, a menos que Dios hubiera escrito su ley en el "corazón" del hombre para que espontáneamente cumpliera esa ley, el hombre ni siquiera podría empezar a entender lo que sería un mandamiento moral. No habría ningún punto de referencia moral en el hombre al que pudieran dirigirse los mandamientos. No sería la inmoralidad sino la no-moralidad lo que llevaría al perro a ignorar su señal, no robarás.

El pecado ha puesto este núcleo interno de la personalidad del hombre en oposición a Dios, el hombre ha buscado ser la fuente de la ley en lugar de estar satisfecho con estar sujeto a la ley, ha llevado este punto tan lejos que ya ni siquiera se reconoce a sí mismo como un transgresor de la ley. Sin la ley (que es la ley promulgada en el Sinaí) no hay conocimiento del pecado, el hombre piensa que lo pecaminoso es lo verdaderamente natural; y todo lo que es "natural" se dice que es bueno, Rousseau hizo de esto el fundamento de su teoría de la educación. Por lo tanto, es necesario que enseñemos que (a) lo natural que salió de las manos de Dios era ciertamente bueno, (b) que lo "natural" actual no es natural y, por lo tanto, no es bueno.

Cristo vino a restaurar lo natural original o verdadero. Exigió perfecta obediencia, Él enfatizó esto especialmente en el Antiguo Testamento al enviar la ley promulgada ante Él, era el único estándar por el cual los hombres podían verdaderamente conocerse a sí mismos. Su exigencia absoluta estaba calculada para conducir a los hombres a Cristo como el que cumpliera sus exigencias. Así, la ley fue el ayo de Cristo. Los que están en Cristo son perfectos, son santos, están "libres de la ley", ellos aman a Dios de nuevo. El núcleo de su ser vuelve a ser verdadero; "¡Oh, cuánto amo yo tu ley!", es el argumento de su canción. De ahí su constante esfuerzo por rastrear todos sus motivos hasta su escondite más profundo. De allí deben ser expulsados los últimos vestigios de idolatría, adoración de imágenes, quebrantamiento del día de reposo, falta de respeto a la autoridad, la vida humana, la pureza, la propiedad y la honestidad. Ninguna satisfacción externa fácil hará que digan "todas estas cosas las he guardado desde mi juventud", saben que en principio no han guardado ninguna de las leyes de Dios; tampoco dividen mecánicamente la ley de Dios como si un mandamiento fuera a quebrantarse y los demás permanecieran intactos. Este es especialmente el caso con respecto a las tablas primera y segunda de la ley, nadie puede amar a su prójimo a menos que también ame verdaderamente a Dios.

Una nostalgia por el cielo se encontrará en el corazón del cristiano cuando examine el décimo mandamiento. ¿Cuándo serán todos los motivos realmente puros como mi Señor espera que sean y como yo deseo que sean? No hasta que esté reunido con los veinticuatro ancianos alrededor del trono vestidos con las vestiduras blancas de la justicia de Cristo sin mancha ni arruga ni cosa semejante. Estas túnicas ya no tocan el fango del pecado; permanecen perfectas para siempre en esa atmósfera de justicia.

Mientras tanto no olvido mi tarea como predicador de justicia en la tierra. Busco por medio de la gracia desarrollar justicia y obediencia a la ley de Dios en general, dentro de mí mismo y también dentro de mis hermanos cristianos. Y en cuanto a mi prójimo que no es cristiano, sé que está "muerto en sus delitos y pecados", y odia a Dios y al prójimo en su corazón. Sin embargo, también sé que Dios ha moderado este odio a tal grado mientras estuvo en la tierra que le es posible hacer "el bien natural". Tiene un cierto sentido de la necesidad de la ley, él, sin duda, piensa que la ley realmente existe aparte de Dios, y por lo tanto sirve a un dios desconocido, sin embargo, por este servicio se le impide convertir la tierra en un infierno. En consecuencia, todavía veo en él algo de la imagen de Dios, y respeto la justicia externa que hace, incluso cooperó con él para tratar de desarrollar un respeto general por la ley y el orden, a nivel local, nacional e internacional; Por medio de esta justicia general externa, Dios ha proporcionado una atmósfera en la que el verdadero pueblo de Dios no fuera destruido de inmediato, sino que pudiera desarrollar su propia justicia por la gracia. Así, la antítesis entre los justos y los injustos no aparece tan claramente cómo podríamos pensar, pero a medida que pasa el tiempo y hacia el final de la historia de este mundo, Dios permite que los principios se opongan a los principios, los justos externamente aparecerán cada vez más como injustos. Entonces aparecerá ese "inicuo" "el hombre de iniquidad" que se exalta a sí mismo por encima de la ley de Dios y los injustos lo adorarán y obligarán a los justos a adorarlo. Pero entonces también aparecerá el que fue hallado digno de abrir el libro de los siete sellos, porque había sido inmolado como el justo, para llevar la victoria a fin de que la justicia pasará, para echar al injusto y a los injustos en el pozo que no tiene fondo porque no hay ley, no hay orden allí y para recibir a aquellos que obedecen la ley de Dios en el ámbito donde hay ley y orden y por lo tanto descansan.

Acerca del Cántaro Institute
Heredar, Informar, Inspirar

El Cántaro Institute es una organización evangélica reformada comprometida con el avance de la cosmovisión cristiana para la reforma y renovación de la iglesia y la cultura.

Creemos que a medida que la Iglesia cristiana regresa a la fuente de las Escrituras como su última autoridad para todo conocimiento y vida, y sabiamente aplica la verdad de Dios a cada aspecto de la vida, su actividad misiológica resultará no solo en la renovación de la persona humana, sino también en la reforma de la cultura, un resultado inevitable cuando la verdadera amplitud y naturaleza del evangelio es expuesta y aplicada.